前
道
赤木明登
新潮社

まえがき

これから僕が語ろうとしていることには、まだ名前がつけられていない。

でも、それはずいぶん前から確かに始まっていて、少なからぬ人々がすでに感じていること。けれど、その事象をなんて呼べばいいのかがわからない。名前がまだ無いのならば、相応しい名を与えるべきなのか、それとももうこの時代には、そんな必要すらないのだろうか。

僕は、右へ左へと揺れている。そいつに名前を与えたとたんに、すべての人がもうわかった気になって、その瞬間、見えないけれどありありとそこにある生き生きとしたものがはかなく消えてしまうのではないかと、僕は恐れている。だから名は、与えられない方がいいのかもしれない。


たとえば「うつわ」にまつわること。偶然に、と同じくらい必然的に「うつわ」を僕は作るようになった。そうして僕が知るようになったこと。

これから僕は、「うつわ」についてたくさんのことを語ろうと思うけれど、伝えたいのは、「うつわ」のことではない。「うつわ」のその内側と、その外側にまつわるとりとめもないことなのだ。

十年ほど前なら、「僕の作るうつわには、オリジナリティがない。それが僕の自慢です」なんて、冗談めかして言うと、キッと怖い目で睨みつけるような人が少なからずいたように思う。「工芸家」や「芸術家」を自負するような人たちがそうだった。僕は、そういう人たちと論争することもなく、ただにこにこしていたら、いつのまにか怖い目の人たちはいなくなってしまった。

僕のうつわは、ほぼ全て古作を写して作られている。どういった因果か一つだけ僕の手元に流れ着いた古椀を写して、新しい椀を百も千も万も作りつづけていると、写して作っている主体が僕ではなく、古椀が意志を持って僕の肉体を操り、自ら増殖しているのではないかと思えるようになった。そうであるならば、僕はそれをよろこんで受け入れる。

僕の手の内にあった椀は、確かに僕の作ったものだけれど、それは僕の作ったものでなくてもいい。時間を過去に遡ることによって、僕は僕を消していくことができる。僕個人を消し去ることによって、うつわは大きく深いものになる。そういうふうにして作られたうつわは、人の暮らしに奉仕し、日常に使い尽くされ、摩滅して消えていく生活道具。その姿形は、失われていくことによってのみ永遠を獲得するのではないか。

手で生活道具を作る仕事でさえ、新たな技術や技法を考案した製作者のみが尊ばれ、人間精神を作品に表すという一芸術家が、その中心にいるようなやり方が、これまでは主流だった。でもそれは、歴史の中では、ほんの短いエピソードだったのではないだろうか。伝統的な世界では、個人に由来する成果がそんなに重要なことだと僕には思えない。

みんながみんな、ほんとうはありもしない「わたし」を探し回り、同時に「わたしが」「わたしが」と主張してみることで、「わたし」がいると信じてきた。そんなしんどいことはもうやめにして、そろそろ楽になりたいな。いまの時代は、そんな気分じゃないのか。

この本に書かれているのは、二〇〇七年から二〇一一年までに僕の身の回りで起こったささやかな日常のこと。

この間に世界は大きく変わったと思う。政治や経済、自然環境の変動だけではない。もっと根本的な何か。ちょっと大げさで、そのぶんわかりにくい言い方かもしれないけれど、人間のあり方、自己存在の仕方そのものが、流動している。政治の行き詰まりも、経済の停滞も、確かに憂鬱だけれど、もっと根本的なところでの変化は、それもよい方向への変化は、日常の些細なことの中にすでに顕れている。いま僕はその変化に希望を感じている。新しい時代がもう始まっているのだ。

僕が今できることは、ただ一つ。

これからもひたすら、どこまでも塗りつづけること。仕事をしながら音楽を聴くことも最近は少なくなった。ラジオも聞かないし、お喋りもしない。口を閉ざしたまま、でも僕はずっと話をつづけている。話す相手は僕の中にいる。対話をつづけながら心の奥へ底の方へと静かに降りていく。

目次

犬馬難し

正平さんの住む街へ

二〇〇七年暮れ、二十日を過ぎた年の瀬の慌ただしさから少しのあいだ逃れるように、僕は山口県の宇部空港に降り立った。この年最後の展覧会がこの街で開かれているのだ。小雨の中、滑走路に沿って並んでいたのは、航空機ではなく漁船だった。ここは、瀬戸内の小さな漁港の沖を埋め立てて作られている。着陸間際に、港に通じる水路のすぐ向こうに街並みがつづいて、その果てに大きな工場の輪郭がかすんでいるのが見えた。空港からタクシーに乗ると、目的地へはあっけないほどすぐに到着した。

最近の地方都市の商店街ほど寂しい場所はない。あれは、昭和のいつ頃だったのだろう、古いアーケードの下を行き交った日常の喧噪が残像のように蘇ってくるが、いま目にするのは閉じられたままのシャッターと閑散。その合間に暇そうな一軒のギャラリーがある。

新天町商店街の入り口に立った時は、おそらくそんなだろうと思っていたのに、ここはちょっと様子が違う。自転車が交差する瞬間、妙に大きな声で挨拶を交わしているおじさんがいる。通り半ばの魚屋もなかなか威勢がいい。その前には買い物かごを下げたおばちゃんたち。路地に入ると、やっているのかどうかもわからないような喫茶店。しゃれたカフェやコーヒーチェーン店の陰でまだ生き延びている懐かしい場所。ようやく見つけた、この寂しい感じ、実は嫌いでない。中を覗き込むと、案の定客は誰もいない、と思いきや常連とおぼしき客でいっぱいではないか。コーヒーの味はまあ期待できそうにないが、ここで一服してからギャラリーへと向かおう、いやいやコーヒーもなかなか旨いぞ。

「アキト、旨いフグが食えるらしいから暮れに宇部へ行かんか。あそこはえぇぞぉ」

そのたった一言に誘われて、僕は能登→羽田→宇部と飛行機を乗り継いで、わざわざここまでやってきた。誘ったのは、盟友の漆職人、福田敏雄。

商店街の外れに賑やかなディスカウントのスーパーがあって、ここの魚売り場もちょいと覗いてみる。瀬戸内の幸と、日本海の幸が入り交じって種類も多い。名も知れぬ、見たこともない魚や貝。新鮮なフグも鍋用の切り身に加工されて並んでいるではないか。宇部港の前には、関門海峡から日本海に通じる周防灘が広がっている。

「いやあ、これゃ、夜が待ちきれませんねぇ、敏ちゃん」

「昨日のヒラメの旨かったことョ。こりゃたまりませんがな」

一日早く到着していた福田さんは、昨日食べた魚の自慢をすぐに始める。

ここ「ギャラクシーふくなが」には、二人それぞれの椀やら重箱がたくさん並んでいる。僕たちは、二人共同で漆の器の展覧会を開いているのだ。そこへ一組のお客さん。

「あ、この人が赤木さんで」

ここで何度も個展を開いたことのある福田さんが、なじみのお客さんを紹介してくれる。僕は、今回の訪問が初めてなのだ。母娘と思われるお二人は、小さく「松田です」と名乗られた。店の中程に接客用のテーブルがしつらえてあり、その上に松田正平の書画集が重ねておかれている。すっかり忘れていたが、ここは正平さんが住んでおられた街なのだ。

いつでも裸足に長靴履きの正平さんは、自転車でふらりとこの商店街にもやってきて、ギャラリー主人の福永さんと碁を打っては、帰ってゆかれたそうだ。

風景の中の僕の見る風景

僕が正[1、2]平さんの絵を初めて間近に見たのはもうずいぶん前、同じ山口県の周南市だった。

そこにある「ギャラリー咲景花」主人のご自宅に飾られていたのは、大きな油彩でおだやかな瀬戸内海の風景がブルーとピンクの淡い色彩で描かれていた。何とも言えぬ絵肌の美しさ。

その絵を前に、僕は僕の心の中にある海の景色を思いだしていた。僕が生まれ育った岡山で見た凪いだ瀬戸内の眺め。その海岸の景色の中には、僕自身もいて、小高い岬のてっぺんに座っている。海から吹き寄せる風に頬をなでられながら、海をずっと眺めている。お天気はとてもよくて、心地よくて、ただそれだけで幸せなのだ。絵を見ている僕の中に、海の風景があって、その中に僕がもう一人いて、風景の中の僕の心はその景色でいっぱいになって、やがて自分と海の境を失い、僕は風景の中にいるのか、自然が僕の中にあるのか、わからなくなる。そんな絵だった。その絵を見た瞬間、僕の中である感覚が蘇ってきた。

輪島に暮らしはじめて六年、
輪島塗の下地職人として四年の年季と一年の礼奉公が明け、
この春より独立しました。
この間、僕は、なぜ輪島に来たのか、
どうして漆を手にしたのかと考えつづけてきました。
実は、最初からその答えがわかって輪島に来たのではなく、
ほとんど直感的でした。
そして、ようやく僕が見つけたのは、

せいいっぱい自分になる、
自分をするという単純なことでした。
そのことと矛盾するのかもしれませんが、
僕にとってものを作るということは、
いかに自分を消すか、
小さな、とらわれている自分を消してしまうかということです。
結果、無心になれたとき、
もしくは、完璧な作為がなされたとき、
美しさが彼方よりやってくるような気がするのです。
朝から一日、薄暗い部屋の中で単純な作業を黙々とつづけ、
夕方になってふと我に返ったとき、
涙の出るような幸福感を味わうことがあります。
こんな仕事を、これからもくり返すことができたらいいなあと思っています。

これは、一九九四年に開いた僕の初個展のとき、案内状とともに手紙にして自分で添えた文章。この手で、自然を加工し、器を作るという行為の中で、自己、自我、自分、なんと言ってもいいけれど、そんなものが消え去っていくあの感覚が、一枚の絵の前でまた蘇ってきたのだ。以来、松田正平さんの絵を見るたびに、僕は同じ気持ちにさせられて、うっとりとしている。

絵画の世界で、この画家がどのような位置にあり、いかなる評価を受けているのか、僕はたいして興味がない。ただ、自分の消え去った境地で、黙々と絵を描かれている仙人のような、いや仙人のようでいてどこ

か人間くさい市井の画家が、もちろん若輩の我が身にとっては大先輩として、同じ時代におられたということが、ただただ嬉しくてたまらない。正平さんご自身は僕の思っている職人さんに、その画業は「うつわをつくる」ということに、とても近い、いや親しい気がしているのだ。

「上野の不忍の池に沿った町すじに、つげの櫛をあきなっている店がありました。

東京大震災にも焼け残ったこのあたりは、江戸、明治時代の名残りがそのまま残っていて、夏になると朝顔がからんでいたりしたものです。昭和七、八年頃です。

絵具箱を肩にした画学生に櫛づくりの親方はこんなことをきかせてくれました。

『この頃になってやっとお客さんからあまり文句をいわれなくなったよ。

五十年やってきての話だ。』

私は学校を出て五年もたてば画で生活が立つだろうと思っていたので、この男の話を職人の手仕事などと気にもとめませんでした。

さてそれから自分の身に起った暮らしを考えて、冷汗の出るしまつです。五十年の月日はとっくに過ぎ去っても職人にはなかなかなれないで、迷いつづけ、これといってはっきりした仕事もできないありさまです。」(『松田正平画文集　風の吹くまま』)

いえいえ、松田さんはもう、立派な、いや素敵な職人さんでした。まだまだ難しいけれど、それは僕の目指すところでもあります。松田さんの絵を見て、僕も頑張らなきゃ、と思う日々です。

職人絵師のつかんだもの

　さて、宇部のギャラリーで出会ったお客さんの松田さんに、おじいちゃんをご存じならば、うちに遊びにいらっしゃいませんかと誘っていただいた。アトリエはもう片付けてしまったけれど、居室はまだそのままだとおっしゃる。正平さんは、二〇〇四年に九十一歳で亡くなられたのだ。もちろん、僕は生前の正平さんに出会ったことはない。

　正平さんの家は、こぢんまりとした平屋で、それにしては広い前庭があった。平らかな土地に、何の木かわからないが同じ種類の木が何本も、おそらく等間隔に配列されたように植えられている。いや、これは勝手に生えているのだろうか。いわゆる庭らしくない、なんだかそのあたりの林か荒地をただ持ってきたように、ぽかんとぬけた土地。居室からは、葉をすっかり落とした前庭の木々の枝と空だけが見えている。

　正平さんは、息子さん夫婦と一緒に暮らしたいという奥さんの願いを聞き入れられて、故郷の宇部に新しいアトリエを作り一九九五年に越して来られた。

「さすがに、床だけは歩けるように片付けました」と、松田さん母娘が笑う。足の踏み場もない、とっ散らかったアトリエの話は有名だった。でもまだ机の上も、棚の上もどこかで見たことのある写真のまま雑然としている。得体の知れぬ物たちに埋もれたままの円空仏と、ふと目が合う。壁には、見覚えのある文様のタパが掛けられたままだ。

「まだスケッチがたくさん残っているので、ご覧になりますか」

「ぜひ」と答えながら、洲之内徹さんが、かつて千葉の鶴舞にあった正平さんのアトリエを訪ねた際の記述を思い出す。

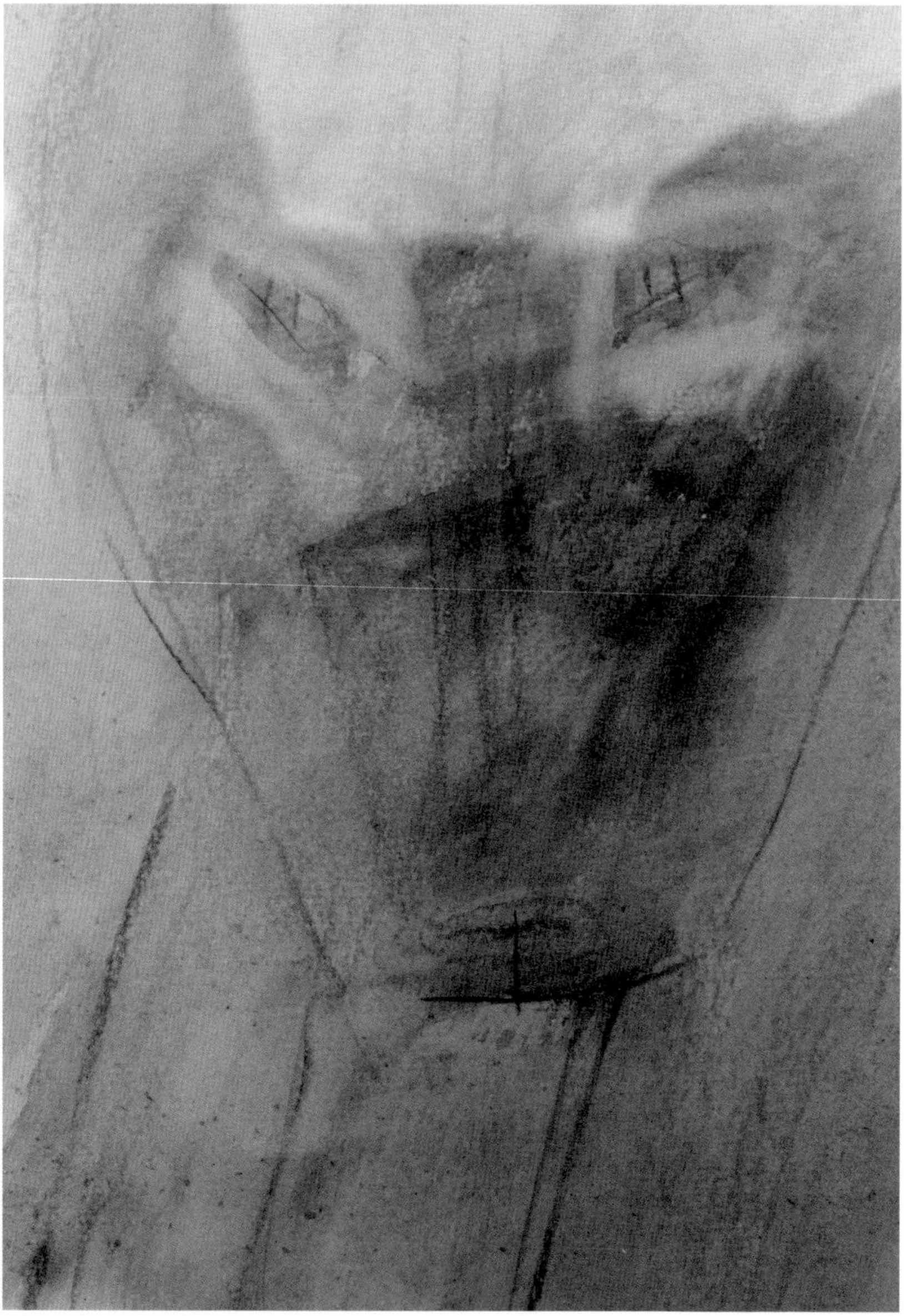

「その山積みのスケッチブックの中から、手当り次第に引き抜いて見てゆくうちに、私は次第に夢中になってしまい、時を忘れた。いうなれば、松田さんというバッテリーは、長い年月をかけて果された形というものへの理解の深まりでたっぷり充電されていて、一見無造作でしかもよく決まる洒脱な線をいくらでも生み出して行くかのようである。」（洲之内徹『帰りたい風景』）

そのとおりに、僕も夢中となった。描かれているのは、ごく身近な普通のものばかり。庭や路地に咲く花。野菜。瀬戸内の魚。飼い犬。港、漁船、海。同じモチーフが何度も繰り返し描かれている。一枚の絵が目に留まった。犬の「ハチ」だ。正平さんは、日本犬がお好きで、「ロク」「ハチ」などと、代々の犬の名は数字を順番につけておられた。ハチがいたのは、七〇年代で、四国犬だったそうだ。薄いブルーの背景。画面いっぱいに犬の顔と、まっすぐに伸びた前脚が水彩の淡い黄色で描かれている。輪郭は、ほんの軽いすっとした薄紫の線。

「一気につかみたいような気分はあるね。結局、線こそ命ですよ、絵は。線がひけたらたいしたもの。」（松田正平、前掲書）

そう正平さんがおっしゃっていた、あの線だ。

どこか悲しそうなハチの瞳は何を見つめているのか。画家の、この生き物に対する親しみと深い眼差しが伝わってくる。ふっと呟いた独り言のような一枚の絵の中に、一つの命と向き合った時間の流れのようなものが堆積している。目にした瞬間、一回きりの生命が生まれて、生きて、消えていく姿を同時に観ることができる。おそらく、世界はいつもそのようにしてあるのだ。そんなすべてが描き込まれているようで、実はこの絵には一切何も描かれてはいないような気もするのだ。あるのは、さらりと一本の線、あわく移ろう色の調子だけ。僕は一つの絵に立ち止まり、しきりに感心していた。

絵画は、自然を手本に、それを模倣するものではない。自然を対象にして、それを解き明かすものだ。自然は、どこまで行っても自分の外側に、理解不可能の他者としてしかあり得ないけれど、それを美しいと思う人間の心だけが、自分とその外側にある自然を結ぶ回路になる。自然を、いや世界を対象に描かれる絵画は、そのようにして成立しているのではないだろうか。

身近にあるありふれたものを美しいと感じること。そして、その深みを、奥行きを解き明かそうとすること。その成果は、この世界の秘密を解く鍵に、そして自分の内部と外部を結ぶ回路となる。かつて、鍵と回路の役割を担っていたのは、宗教だったはず。宗教の時代が終わって、その代わりを担ったのは、芸術ではなかったのか。僕たちが生きていくためには、リアルにこの世界に存在するためには、この鍵と回路が必要なのだ。いまや、それはいったいどこに行ってしまったのだろうか。

「犬馬難鬼魅易」という言葉を思い出した。白洲正子さんのご自宅に掲げられていた短冊に書かれていたらしい。鬼や妖怪といった変わったものを描くのは簡単だが、犬や馬のようにありふれたものを描くのは難しいという意で、中国の故事に基づいている。

実は、この短冊も松田正平さんの書だった。そして、正平さんご自身、生涯「犬馬難し」を追求し、最後まで「絵なんぞ一度も描けたことがない」と呟きつづけておられたとか。

僕があまりに感動しているので、とうとう松田さん母娘は、「もしよかったら、お好きなのを一枚持って行ってください」なんておっしゃる。「いえいえ、そんなわけには」と、遠慮しつつ、目はもう先ほどの「ハチ」の絵に釘付けになっている。

「好きな方のところに行けば、きっと正平も喜んでくれるはずです」

隣で、同行の福田さんも腕を組んで「うーん」と唸り声を上げている。

「福田さんも、よかったらどうぞ」

「いえ、僕は。僕も釣りをやるんでこの魚の絵なんか確かに好きですねぇ。でも、遠慮しときます。アキトみたいに元から好きならともかく、昨日まで知らんかった絵描きさんのを、『ほならわても、頂きましょうか』なんてできませんがな」

笑いながら辞退するこの人は、正直なのだ。その正直さが、福田さんの作る器にもそのまま現れている。そしてその椀は、まさに「犬や馬のごとし」。本物の普通さで、普通の人々の暮らしの中でしっかりと生きている働きものなのだ。

何度も礼を述べて玄関を出ると、家の脇に一匹の犬がつながれていた。正平さんは、この犬より先に逝ってしまわれた。ゴールデン・レトリバーを飼いたいとお孫さんにせがまれ、いや日本犬じゃなければだめだとずいぶん抵抗していたおじいちゃんも、最後には折れて同意した。結局、この犬もよくかわいがっていたそうだ。帰りの車中、正平さんの残された新しいスケッチブックを僕は胸に抱きしめていた。中には、一枚の絵が挟み込まれている。これは偶然か、必然かわからないけれど、松田正平さんと出会うことのできた幸せな冬の一日だった。

最後に松田正平さんの言葉をもう一つ。
「流行を追うな、有名になるな、よい職人のようにこつこつと腕を磨け。もっとしっかりした絵を、私は描きたいんだ。」（松田正平、前掲書）
はからずも、いわゆる流行りものの工芸作家として、漆芸という限られた世界で、ちょっとだけ有名になってしまった僕が言うのも何ですが、そのとおりだと思う。

失われた感覚

「どんな絵が好きですか？　どなたかお気に入りの画家がいますか？」なんてことを、たまにたずねられて、困る。僕に定まった答えはなくて、そのときの気分や相手によってまちまち。なので、あんまり信用できないけれど、「そりゃあ、中世の宗教画でしょう！」と、答えることがある。

ヨーロッパという土地にしても、中世という時代にしても、そしてキリスト教カトリックの信仰にしても、今の僕の現実からは果てしなく遠い。したがって、同じ人類が描いたものといえども、理解できない部分の方が多い。故に、好きな理由を問われても、「正直、さっぱりわからんのです」と、言うしかない。にもかかわらず、惹きつけられている。どういうわけだか、自分が絵の中にすっぽりと入り込んでしまうような魅力がある。

完璧なつまらなさを求めて

山口県の宇部で、松田正平さんの絵と出会う二ヶ月ほど前、二〇〇七年の秋、僕はうちの奥さん智子と二人、パリのルーブル美術館にいた。

パリへはほんの寄り道のつもりで立ち寄った。本当の目的地は、ドイツのエッセンにあるマルガレーテンへーエ工房。バウハウスの工芸運動に触発され一九二四年に設立された。現在、お友だちの李英才さんがディレクターを務める陶芸工房だ。パリ経由で、デュッセルドルフまで行くと、空港まで工房の職人さんが迎えに来てくれた。僕は、ここで「やきもの」を作ることになっている。

僕の本業は漆の器「ぬりもの」を作ることだけれど、日本人の食卓に今どのくらい純粋な和食が並んでいるだろう。和食であれば、日本の器、すなわち「ぬりもの」にお任せあれと言いたいところだが、僕たちの生活にすっかりなじんでしまった無国籍料理の食卓までも漆の器で埋め尽くそうなんて提唱するつもりは、さらさらない。やはり料理にあった相応しい素材で作られた器があるんじゃないかなと思っている。ヨーロッパの料理には、白い陶磁器で作られたシンプルな丸皿が似合う。

ところが、そこで困ってしまう。今、日本で手に入れることができる洋皿で、ほしいものが見あたらないのだ。輸入されている高級洋食器にしろ、国産のものにしろ、いずれも型で成形された無味乾燥な冷たい工業製品ばかり。若い陶芸家がロクロを使って洋皿を作るのが流行ってもいるけれど、作為の見えてしまう味付けとか、偶発的な揺らぎを強調する工芸的手法で、どこかに作家の個性が表現されているせいなのか、しばらくすると飽きてしまう。

それならば仕方ない、自分で気に入った「やきもの」を作ってみようと思い立った。もちろん、簡単なことじゃないだろう。コンセプトだけは、明確。人の手で作られた、できるだけ普通の器だ。ヨーロッパ人ならば、子どもの頃からずっと食卓の上で見つづけてきた、うんざりするようなあたりまえの形と色。それをドイツ人の職人さんに一つ一つ手で挽いてもらう。いわゆる陶芸作品のように、素材の味わいを見せつけたり、形の揺らぎを表現したりということを一切目的とはせず、あくまでも「完璧なつまらなさ」に徹してもらおうと思う。それでも人が手で作ったものからは、じんわりとしたあたたかさが伝わってくるはず。それは、最近の僕の「ぬりもの」の作り方にもつうじている。僕は、僕が作った器が、もう僕の作品である必要さえないと思っているから。

見本となる形として、輪島の木地師さんにお願いして挽いてもらった木型を先に送ってある。それを手本にドイツの職人さんが土で挽いた形を確認するのが今回の仕事。陶芸工房に着いたときには、もうほぼ完璧に作業が進められていて、多少の微調整だけで僕の仕事はあっさりと終了。

早々にパリへと引き返し、僕たちは十日ほどここでのんびりすることにしたのだ。

眼差しのない瞳

ルーブルの南側にある超有名絵画や彫刻のまわりの喧噪とは裏腹に、古い時代のドイツ、フランドル、オランダ絵画の部屋は意外なほど閑散としている。北側のリシュリュウ翼三階で目に留まる絵のまわりを何度も巡って幸福な日々を過ごす。いくつもの宗教画や肖像と対面する。描かれている人物といつまでも向き合う。横目にちらりと見ながら通り過ぎてみる。そんなことを繰り返して、結局僕にはどの絵もよくわからないことを知る。わからないけれど、魅せられている。

「ねぇ、この時代の画家は、現代の僕たちがある人物を見るときと、何か違った見方で対象を見つめていたんじゃないかなぁ。僕の想像なんだけど、目で見たり、耳で聞いたり、鼻で嗅いだり、皮膚に触れたり、舌で味わったり、そういうのと全く違う別のセンスが濃厚にあって、それは現代人にはすでに失われた感覚器官なんじゃないかな。だから、わかんない。失われているけれど、残像のようなものが僕の身体のどこかに残っていて、絵の前にいると少しずつ思い出してくるんだ、その感覚をね。どうだろう?」

大きな宗教画[3]の前に立つ。キリスト教の教義を伝えるための道具である。画面の中央に右腕にイエスを抱き、左手に書物を持ったマリアが座っている。カトリック教会でよく見かける聖母子像だ。玉座のマリアを中央に配して左右に大勢の人物がシンメトリーに描かれていて、祈りを捧げている。智子が小さな発見をする。

「不思議じゃない？　この絵の中の人、みんな同じ顔ね。それに、この人たち何にも見ていないような気がするの」

正確に言うと、眼差しがない。確かにそのとおり。顔面には目が開いていて、瞳も描かれている。でも、その視線の先を追うことができない。どこか虚ろなのだ。絵の中で対面している人物同士の視線が交わっていない。彼らの目は確かに開いているが、目では何も見てはいない。この時代には、眼差しを描く技術が無かったのか。故意に描かれていないのか。それともどうでもよかったのか。

「目で見てはいないけどね、確かに彼らは何かを見ているよ。いや感じていると言ったほうがいい。絵画は、視覚的な手段だけれど、ここに描かれているものは、ある意味視覚的なものじゃないんじゃないかと、僕は思う」

この絵は中世のにおいを強く残した北方ルネサンスの画家、ハンス・メムリンクの作品。ルーブルには他にもメムリンクの作品がある。僕たちが勝手に[4]「おばあさんの絵」と呼ぶようになった肖像画で、やや斜め左方向を向いて両手を胸の前で重ねている。

「そっと手を伸ばして、おばあさんの手を握りしめたくならない?」

「気持ちはわかるけど、きっと彼女に嫌がられるよね」

頭に白いベールを被っているのは、神に祈りを捧げているから。敬虔な、静かな表情だけど、年月が刻まれた美しい皮膚が内側から光を放つように生き生きと描かれている。この年配のご婦人も、こちらの方を見てはいないようなので、目も合わせられないし、そもそもその目には何も映ってはいない。でも、何かを見ている、いや感じているのがわかる。それは何だろう。

「おばあさん、何かに包まれていないか。覆われている。それは、空気? いや光か、それとも別の何か?」

メムリンクの肖像画は、たいてい祭壇画の一部で、中央に聖母子像などがあり、その左右の扉に人物が描かれることが多かったようだ。教会に寄進し、個人用の祭壇を持つことを許された裕福な人たちの、純粋な肖像画ではなく、つまり宗教画の一部分なのだ。他の絵を図版などで見ても、正面ではなく、やや斜めを向いて祈りを捧げているのはそのためで、つまり中央の聖者の方に向いている。いつのまにか祭壇がばらばらにされて、額に入れられ肖像画として美術館に納まったのだ。

「このおばあさんの絵は、もともと祭壇の右翼にあって、左翼にはご主人と思しき黒い帽子のおじいさんがいてね、そちらの方は今、ベルリンの美術館にあるんだって。ひょっとしたら、横目で遠く離ればなれになった連れ合いを探しているのかもしれないなぁ」

というのは冗談だが、画面の中に僕が見ているのは、いやじんわりと感じているのは、そこに描かれている人物の濃厚で深い「佇まい」としか言いようのないものだろう。その「佇まい」には、どこかに透明感のような静寂があって、近代絵画の精神性を込めたような重苦しさがない。十七世紀、十八世紀と時代が下がるにつれ、僕の感じる「佇まい」が薄れていき、絵画は純粋に視覚的なものに変わっていく気がする。そうなると、もう僕にとってはつまらない。

「何でこんなに静かなんだろう。静かだけど、あたたかい。僕がね、ドイツで作っているお皿もね、こんな感じにできあがったらいいよねぇ」

古陶の佇まい

話は、いきなり勝手に飛躍するけれど、中世末、北方ルネサンスとほぼ同じ時代、かけ離れた場所で作られた全く別のものに、僕は同じような「佇まい」を感じることができる。李朝初期の古三島や、桃山時代の古唐津など、いわゆる古陶器に。

ときどき僕は古い盃を取り出してきては酒を楽しむ。味わうのは酒の味だけではない、器のもつ佇まいに触れていたいのだ。この佇まいということを言葉で表すのはほんとうに難しいが、あえて「氣」という言葉に言い換えることもできるだろう。というのも、いつか京都で偶然見つけた古書の中で次のような一文に出会ったからだ。

「人間の捉へがたい『氣』を、言葉をかりて捉へようとするのが詩だ。氣は形も意味もない微妙なもので、しかも人間世界の中核を成す。詩が言葉にのりうつった『氣』である以上、詩を言葉で書かれた意味にのみ求め、情調にのみ求め、音調（中略）にのみ求めるのは不当である。詩は一切を包摂する。理性も知性も感性も、観念も記録も、一切は詩の中に没入する。即ちその一切を被はないやうな詩は小さいのである。氣が一切を呑むのである。」（高村光太郎『美について』）

文中の「詩」という語を「器」に、「言葉」を「素材」に置き換えたらどうだろうか。

僕の中では、詩と器は同じものに思える。器には詩情が必要だ。機能があって、用途を成すだけなら、それは器ではなくただの容器じゃないか。同じ時代、洋の東西を超えて人間の作り出すものに現れた「佇まい」「氣」「詩情」。

さて、この曖昧なものは、どこから発生してくるものだろうか。僕は、光太郎が敢えて「人間の氣」と言うように、その起源はそのものを作り出した人間、そしてそれを使い、味わう人間の感覚の中にあると思う。

「僕、ちょっとわかった気がする。僕がいつも呑んでいる盃、古唐津の、あれと似ているんだよ、この感じ」

「ここの絵と？」

「絵画って、見ることしかできないじゃない。けれど幸せなことに、僕たちは鉄絵で日月が描かれた古唐津の盃に薄く酒を敷いて、なめるようにして味わうことができるだろ。掌の上のこんなちっぽけな器からさえ感じる詩情はさ、その触覚に由来しているのを僕は知ってる。人は触れ合うことによってのみ対象とリアルな一体感を持つことができるんだ。器に触れ、なめることができるからこそわかる。視覚的な『佇まい』というのは、その触感を思い起こすことによって生まれる感覚だと思うんだ」

「氣」というと何か非科学的なもののように思われているけれど、僕はそれこそ接触を前提とした予感、気配のようなものだと捉えている。器は、美術館のガラスケースの中にあるものを、ただ眺めているだけでは何もわからない。それでわかった気になってしまうのは、見る、聞く、嗅ぐ、味わう、触るといった五感が、僕たち現代人の中でばらばらに分断されてしまっているからじゃないか。散り散りにされた不安定な感覚を、再び統合して一つのものに戻してくれるのが、光太郎の言うところの「氣」ではないのか。「詩情」ではないのか。

「古陶はね、まさに五百年前にこの形を土の混沌の中からひねり出した一陶工の接触の痕跡そのものだろう。『佇まい』というのは、陶工の想い、想像、思考、思念、思想、感情、精神、心あるいは無心、なんと言ってもいいけど、その深い内面が形と動きを得て、つまり身体とひとつになって、波動として輪郭線上に現れ出たものなんだ。そして、柔らかく繊細な土は、その陶工の姿を受け止め、鏡のように映し出すことができる。人間の手の動きや呼吸が、そのまま土に伝わって、器の姿となる。器の場合は、土という素材が身体になって、陶工の内奥が、器の中で土とひとつになればそこに『佇まい』が生まれ、詩情を漂わせ、氣を発するんだ」

人気のないルーブルの一室で、いきなり僕の古陶談義が始まってしまった。

「器の形として現れているのは、一陶工の個性じゃなくってさ、その瞬間にだけこの世界に生まれ得た波のようなものでしょう。僕の指先の皮膚が、口唇の薄い粘膜が、接触とともにリアルに感じ取るのは、陶工がどんな顔をして、どんな個性を持っていたかじゃなくって、そんな表面的なことに関係なく、陶工が切り開いた回路、人間の内部の深いところと結ばれた世界なんだ」

神の光に触れる

「ここにある絵が尊いのは、触れることなしに触れられることなんだよ。触れずに一体感を感じるなんて、本当に奇跡的なことだ」

話を先の聖母子像に戻そう。大画面中央に静かに佇むマリア像に、どうしても目が引き寄せられてしまうのには訳がある。

執拗なまでに精密なのだ、細部が。マリアの羽織る赤い外衣には、毛羽の光沢や糸の輪奈《わな》まで緻密に描き込まれ、その皺や襞からは、ベルベットの手触りがしっかりと伝わってくる。玉座の背後や足下の織物には、昨日クルニュー美術館で見たばかりの中世のタペストリーそのままのテクスチャーがある。

メムリンクに限らずこの時代の絵には、見ることによって、触覚を思い起こすような仕掛けがなされている。絵画全体の印象は平板で、あまり奥行きもなく、遠近法的な写実感は全くといっていいほどない。人物にも立体感はない。にもかかわらず、皮膚の肌理《きめ》に触れることができるようだ。そして対象の輪郭上に細部が描き込まれると同時に、その周囲に空気が、いや光が生まれてくるのがわかる。描かれているのは、そこに現されている人物や衣装ではなく、対象の輪郭を包む光なのだ。これが、感じることのできる「佇まい」もしくは「氣」の正体だろう。

「神は細部に宿ると言われるけれど。その神とは、皮膚の輪郭を包む光として表現されているんじゃないか。官能的な接触を感じさせる光こそ、神の光なんじゃないか。絵の中にいるすべての人物、マリアの周囲で祈りを捧げる人々も、おじいさんと離ればなれになったままのおばあさんもこの光に包まれているよ。虚空に舞うように見える瞳は、この光を見つめているよ。神と人々とのリアルな接触が描かれているんだ」

「中世には宗教がなかった」と、J・ル・ゴフが書いている。その時代には、すべてが宗教で、宗教に対立する概念がなかったが故に、宗教そのものをことさら意識する必要もなかったのだ。遠く中世を抜け出てしまった僕たちには、その時代を想像することさえもはや不可能に近い。

メムリンクの絵には、僕にはまだ理解することのできない安定した統一的な世界が確かに描かれている。その世界では、人が何者かである必要もなく、神の光の下にいる。感覚器官が分化する以前の、まるで胎児のような状態で、人は光に抱きしめられ、世界と一つになっている。

「佇まい」は形も色も意味もない微妙さで、生命のみが発するもの。そしていくら目を凝らしても見ることはできない。目を閉じていても見えない。目をしっかりと見開いて対象の姿を捉えながら、感じる。すべての器官をリセットして、最も根源的な感覚に立ち戻る。五百年前の人類が、確かに持っていたのは、五感を統合する回路だった。次第に失われていったけれど、まだ現代人の内部の深いところで眠り続けている。それを掘り起こすのだ。

中世ヨーロッパの宗教画や、桃山の古陶を眺めながら、僕はこの失われた感覚を自分の中に取り戻したいと願っている。形あるものの持つ「佇まい」が、僕自身が作るものも含めた現代工芸からは全くと言っていいほど失われてしまっている。

いつの頃からか僕は、自分が作る器にあの「佇まい」を取り戻したいと、途方もないことを考えるようになった。もちろん、それは未だ全く実現はしていない。叶わぬ夢に終わるかもしれない。それでも、僕は夢を見続けている。夢を見るために、僕は僕の内側の深い場所へと降りていかなければならない。

ひとたび姿形を得た精神は永遠に失われることがないかのように、天長地久の時を経て今も僕の皮膚と接している。普遍というのはそういうことだろう。

世界のリアリティ

子どもの宇宙

子どものころ、僕たちはどのように世界と触れあっていたのだろうか。どういうわけだか、僕の中にはそのころの鮮明な記憶が残っているので、報告しておこうと思う。

僕が生まれ育った家は、大きな川のほとりにあった。大きな川といっても、子どもにとっての大きな川で、大人になって訪ねてみると、橋の上を歩けば十五秒ぐらいで渡りきってしまうような場所。何でこの川をとてつもない大河のように思っていたのだろうと、いまさら不思議になる。川底が、周囲の土地よりも高い位置にある、いわゆる天井川で、その分堤防もちょっとした小山のようにうずたかく思われた。

家のすぐ脇にあった石階段を駆け上がると、天辺に小さな地蔵堂があって、近所のおばあさんたちがよくお参りをしていた。僕の生まれた土地には、かつて弘法大師空海が錫杖《しゃくじょう》をたてて説法でもしたのか、辻々にそんなささやかな信仰の場がある。

そのころ耳で覚えたのは「おでっさま」という言葉だったが、正確には「お大師様」だったのだ。お堂の隣には、鉄骨でできた火の見櫓が建っていて、低い位置にある鉄棒に飛びついては、ぶら下がったり、腰掛けたりしながら、まだ行ったこともない街の外れや、遠い山並を僕はただ眺めている。思い出すのは、老婆たちがつぶやくように称える般若心経と線香のにおい。薄墨に霞んだような風景の中で、地蔵の供花だけが鮮やかな光を放っている。櫓の隣には、両手を広げて抱きつけば、その懐にすっぽりと我が身が収まってしまいそうな栴檀《せんだん》の巨木がしっかと立っている。暗褐色の樹皮には、いつも身体になじむ温度があって、頰をこすりつけてしばらく目を閉じた。幹を抱えたまま見上げても、その梢を見届けることもできず、木はすでに世界を凌駕して、僕を見下ろしているのだ。

僕が僕であることに目覚めたのは、その木の下のことで、まだ母親に抱きかかえられていたころから、記憶が途切れることはない。いくつのときだったのか、僕はある不思議さに取り憑かれていた。ほんのたわいもないことなのだけれど。

「この木の天辺はどうなっているのだろう」

その梢は何処へ行くのか、どうしてもわからない。僕には、その木があまりに立派すぎて、太い幹が上にいくほど、次第に細くなっていることに気がつかなかった。幹は、同じ太さのまま、柱のように天を突き抜けているかのように感じられた。そして、その頂は、丸く平らになっているのではないか。まるで切り株のように。それが僕の辿り着いた結論だった。幼いころずっと、そういう風に信じていたのに、いつしか忘れてしまう。

日が暮れるまで、僕は梅檀の木の下にいた。なにせ小山のような堤防なので、眼下に小さな街が一望できる。やがて、黒い甍の波が夕映えに染まる。山の端に沈みかかるお日様をいつまでも眺めていた時間は、そのまま停止して、いまも僕の中をゆっくりと流れ続けている。地平線に近づき、暗くなった太陽は、見つめれば見つめるほど、まるで平らな空に開いた穴のように見えた。いや、子どもの僕は、太陽と月とは、空というスクリーンに開いた穴で、その向こうには眩い光に満ち満ちた世界があって、それを覗いて見ることができるんだと、信じていた。

僕の住んでいた古い家には、床や壁のあちこちに節が抜けた丸穴が同じようにあり、そこを覗くとどこからか差してくる光が見えた。その光を見つけることが僕の楽しみの一つで、夕暮れのひとときも、空の穴に自分の顔を押しつけて、向こう側を覗いていたのだ。僕にとっては、壁の穴も、空の穴も、いつも手に届くような同じ距離にあったはず。やがて、そんなことも、忘れてしまった。

知ってるよ！　この世界

[5]アルフレッド・ウォリスの絵を見たとき、そんな感覚が一気に甦ってきた。二〇〇七年の三月、東京目黒の庭園美術館で開かれていた展覧会で出会ったのだ。

「おおーっ！　木の天辺が平らでないかぁ！」

同じように世界を見ていた人がいるんだ。ウォリスは、二十世紀初頭、七十歳を過ぎてから突然絵を描き始めた人らしい。若いころは船乗りで、その後船具屋などをしていた。六十七歳で妻に先立たれ、一人暮らしとなって、周囲からは気むずかしく、変わり者の孤独な老人と見られていた。ある日家の前を通りかかった素朴派の画家に偶然発見され、やがてイギリス現代画家の一人と評されるようになる。描かれている題材は画家の住んだ港町の風景、海と船、町並み、家と森など。

思い出してみると、僕が子どものころにもそんな老人が身近にいた。彼がそのまま市井の闇に消えていったのは、ごく普通に才能に恵まれていなかったからか、誰にも発見されることがなかったからだろう。ウォリスはもちろん美術教育を受けたことも、絵の手ほどきを受けたこともなかったが、天分と運が与えられていたのだ。一見子どもが描いた絵のようだが、そうではなさそうだ。僕にもデッサンやら色彩の構成など絵画技術の知識はないけれど、ウォリスの絵をとても美しいと感じる。その生命力と不思議なリアリティにどきどきとさせられる。

絵の中の世界がグルグルしているのだ。画面の上の方が、描かれている世界の奥行きになっているのが普通。ところが一つの絵の中で右側が上になったり左側になったり、そして描かれている対象の一つ一つがその間近にいるようで、箱庭をのぞき込んでいる感じ。それも子どもの絵によくあるけれど、そんな身体感覚があった、確かに僕にもあったと、一種の安心とともに思い出される。

僕らは冷たい世界を生きている

子どものときに覗き込んでいた空の穴や、抱きかかえられるようにしがみついていた大木のリアルな感覚を、僕はいったいどこに置き忘れてしまったのだろう。それらを失うことで、手にした新しい感覚はどんなものだったのか。いや、いま僕たちがあたりまえだと思っている世界の捉え方を身につけることによって、失ってしまった世界があったのだ。

いまこの文章を読んでくれている人と、僕がおそらく共有している世界がある。感覚とは、世界と自分が触れあうための手段。その手段が、五感のうちから視覚的なものに大きく偏っているんじゃないだろうか。僕はいま、あまりに視覚的すぎる、とても客観的すぎる、どこかよそよそしくて冷たい、なのにどうにも強すぎる世界の中に投げ込まれている。それは僕らがあたりまえだと思って接している世界だ。もし「生きるつらさ」のようなものがあるとしたら、そんな世界のあり方が、生きづらさの一面を担っている気が、僕はしてならない。

いつのまにか、この世界の空間は光に埋め尽くされてしまった。光によって、僕は世界の外観を隅々まで見渡すことができる。いま視《み》つめている対象の向こう側にも光があり、視点さえ移すことができれば、僕はその向こう側に連続している世界を確実にこの目にすることができるはず。世界はどこまでも広がっていく。外観こそが世界のすべてで、奥行きは外観の広がりに過ぎない。それは、視ることはできるが、決して触れることのない、温度を感じることのない、冷たい世界だ。

何をあたりまえのことを言ってんだと、叱られるかもしれない。でも、僕が言いたいのは、ほんとうは世界はそんな風じゃないんじゃないかということなのだ。世界に接する手段をちょいと変えてみれば、世界は全く違った現れ方をするということなのだ。世界の奥行きは、視ることのできる場所にではなく、視ることのできない場所にあるのではないか。目を閉じて、触れあうことによって感じる場所にあるのではないか。

そして五つに感覚が細分化され、世界が視覚的で客観的なものに集約されていくということと、僕が僕になるということ、自我を持つようになるということが、同じことの表と裏のようにどこかで結びついているんじゃないだろうか。


ウォリスの描く世界には温度がある。僕がふいに思い出した、子どものころの記憶には、母親の胸に抱かれて眠っているときのような、心地よさ、快適さがある。こういう世界との関係の方が、実は真実に近く、人間にとってより本質的なのではないか。ウォリスの描いた風景は、実際にその現場で写生するように描かれたものではないらしい。その画業は、独居する部屋に閉じこもって、孤独を埋めつくすように記憶の中にある心象をたぐりよせる行為だった。

孤独な現実と、すでに失われた世界への郷愁、どちらがよりリアルなのか、僕にはもうわからない。だけど、ウォリスの絵が、子どもじみた無垢さや純粋さを称揚するものでなく、普遍的な人生の悲哀と、記憶の中のリアリティを見事に統一して、一種の精神の高みのようなものさえ感じさせているところが素晴らしいのだ。

記憶の中の栴檀の木に抱かれていた触覚の記憶、それがただそのままならば、木の梢は無限の彼方にあってもよかったのだろう。あるとき、物心ついて視覚的にこの木をとらえ始めたときに、最初につけた世界との折り合いが切り株のように平らな木の天辺だったんじゃないか。きっとウォリスもそうだと思うのは、僕の勝手な解釈。

ロスコを見に行く

「視覚的なものと、触知的なものとの組み合わせと統一を目指してきたのが絵画の歴史である」とマーク・ロスコが言っている。

ウォリスと全く毛並みの違うロスコについて、つづいて語るのはどうも気が引けるけれど、この原稿を書き始めた二〇〇九年の春、「赤木さんと同じようなことを考えている人がいる」と、必然のように一冊の美術論集が送られてきた。それが『ロスコ　芸術家のリアリティ』だった。

自分の作った器を二十世紀のアメリカ美術を代表するような抽象画家に喩えるのもおこがましいが、ロスコの描く赤と黒が、僕のぬりもののテクスチャーに似ていると、いままで何度か言われたことがある。もちろん褒められているのだろう。でも、これまでロスコの絵を実際に見たことがなかった。ちょうど千葉県佐倉市の川村記念美術館で「瞑想する絵画」というタイトルで大きな展覧会が開かれているというので見に行くことにした。

会場に入るとすぐに、ロスコとその作品を寄贈されたテート・ギャラリーとの往復書簡が展示されていた。読むとその内容は、すこぶる面白いのだけれど、文面から人間不信、神経質、短気、陰気、孤高といったロスコ自身のイメージが浮かび上がってきて、決して出会いたくないような人物像ができあがる。それから作品を見ても、僕にはもう、そういうイヤな感じの人が描いた絵にしか見えなくなって、すっかり気分が悪い。どうして、手紙の方をあとにしてくれなかったのかなぁ。

この展覧会の目玉は、[6]シーグラム壁画と呼ばれる連作で、もともとはニューヨークのシーグラムビルにある高級レストランの壁面を飾るために依頼されて製作されたものの、結局使用されることなく、散逸したのを、一堂に集めて、作者が本来意図していた展示方法に近い形で見せるというものだ。大きな部屋に、巨大な平面作品が、所狭しという感じで、間隔も少なく、しかも妙に高い位置や低い位置に飾られている。制作者の意図を再現するという意味では、それはそれで理解できるけれど、この大きな絵は大空間の余白の中にぽんと置かれていて、一点一点じっくり向き合うことができれば、ほんとにほんとうに美しいんじゃないかと、どうしても思えてしまう。なんて、文句ばかり言っていないで絵を見よう。

ロスコの瞑想

もちろん抽象画なので、描かれているものがなんなのかは、さっぱりわからない。作品の大きさはまちまちだが、大きいのは四メートル以上の幅がある。闇の中に沈み込んだような暖色系画面いっぱいに四角い枠のようなものが少しトーンの違う同色で幽《かす》かに描かれている。

たとえば、暗い赤の中にもう少し暗い赤。単純な色ではない。僕は「赤」と言ってしまったけれど、別の人は「黒」だと表現するかもしれない。言葉で色は捕まえられないのだ。二色の境界は曖昧に揺らいでいて、静電気で起毛した産毛のように色が交わってそこに何かが充満した質感のある空間が紡がれ、その間隙は皆既日食のときの太陽のコロナのように熱を帯びている。

「手で触れる世界のリアリティを絵画で追い求めると抽象になる」とロスコがその本の中で語っていたっけなぁ。だが、人間の脳は単純なので、視覚的には理解不能の映像を身近な何かと結びつけて解釈しようとしてしまう。画面中の四角は窓にも扉にも門にも見える。僕はすぐさま、ギリシャ神殿を連想した。「芸術作品の起源」という哲学論文を思い出したからだ。その中で、岩盤の上にそそり立つ神殿によって、混沌とした世界は天と地に分かたれ、世界が開かれたのだと、ハイデッガーは語る。

「それが確固として聳《そび》え立つことによって、大気の満ちた、眼に見えぬ空間が見えるようになるのだ。」（同、『ハイデガーの思想』所収、木田元訳）

そうして見えるようになった世界に僕たち自身も生きている。

前にも書いた、絵画とは視覚的なものと触知的なものとの闘争と統一の歴史だと。ロスコは、抽象絵画の世界に触知的なギリシャ神殿を打ち建て、リアルさを実感できる世界を開示しようと試みたのではないだろうか。

ロスコが、皮膚に直接触れる官能的な世界に真実を追求するのは、近代社会がそういう直接性をすでに喪失していたからとも言えるだろう。過去に真実を求めようとするならば、僕がさかのぼれるのは、せいぜい自分の人生の歴史ぐらいだが、人類の歴史そのものをさかのぼろうとするロスコは、壮大だ。

著書で、古代から現代に至る造形の歴史を具体的かつ詳細にたどりながら、その連続性を明らかにしていく。その途上、絵画は遠近法により奥行きを獲得し、画面に光をあふれさせることにより、対象の外観をリアルに描くことに執着するようになる。同時に触知性が失われていく。

絵画は、画家が生きた時代の社会的な背景に常に影響を受け、その表現の中に取り込んでいくものだから、絵画の歴史は、絵画を生み出してきた人間の感覚の歴史そのものと言ってもいいだろう。視覚性の優位に裏付けされた現代人の自意識とはどのようなものなのか。おそらく誰もが認知できるように、明確に切り取られた外観を持ったものに変化したのだろう。

ロスコの作品をたどってみると、抽象化された画面から、次第に視覚を支えている光を意識的に取り除いていったようにも思える。画面の明かりを少しずつ落としていって、薄暗闇の中、手探りで何かを求めるように絵を描き続けたのだろうか。

シーグラム壁画は、ロスコ晩年の作だが、その世界はすでに洞窟の中のよう。厭世の修行僧が、深山に籠もり瞑想するイメージが容易に浮かんでくる。瞑想の末、画家は悟りを得るに至ったのだろうか。失われたギリシャ神話を新たな統一性として再構築することができたのだろうか。

これは僕の想像に過ぎないが、答えは否だろう。シーグラム以降の作品を見ると、明度はますます下がり、黒と灰色の世界へ、さらに暗い単色の世界へと迷い込んでいくようだ。光の全く届かない、洞窟の最深部まで辿り着いて、両腕を宙空に漂わせながら空しく彷徨《さまよ》う姿が僕には見える。求めても求めても、手に触れるようなリアルなものはもうどこにもなかったのだ、現代アメリカには。その実感こそいまの僕たちにとって真実に近い。それこそロスコがこれほどまでに現代人に支持される所以だろう。

人生の悲哀と郷愁の統一。喪失と新たな神話の構築の試み。スケールこそ違うが、図式そのものはウォリスとロスコとで重なっている。

ここで僕は、一つの幸運に気がつくことになる。暗闇の中、目の前に手を差し出せば、その先に微かに触れるものが日本にはある。それが、「器」なのだ。僕はたったその一言を言うために、これまで長い旅をつづけてきた。

形のないもの

掌の中で器が消える

「器と車は似ている」と、僕が言うと、たいていの人は「えっ?」て、顔をする。

すかさず僕は、つっとその理由を述べることになる。だって、道具としての機能が全く同じではないか。中に何かを入れる。車が運ぶのは、人か荷物だが、器が運ぶのは食べ物だ。そうして、A地点からB地点へと移動する。台所から食卓へ、食卓から口元へと移動の距離がとても慎ましいのは、器の特徴だろう。

次に、車も器もセクシーでなければならない。いや、両者ともに官能性を求める人々が少なからず存在する。何かを中に入れて運ぶという、用途や機能性だけで車を語ることができるわけではない。そうだとするならば、車などおおかた白い軽四輪貨物自動車で必要充分となる。用を満たしながら、所有すること、運転することによって人に快楽や興奮といったヨロコビを与えてくれるものでなけりゃつまんないと、僕は思う。

さらに、車にとって、器にとって、最も重要なことがある。それらの道具を使う人との一体感だ。地上から少し浮かび上がった中空を、マシンと身体が一つになって滑るように高速移動しているドライブ。機能的な機械が自分の操る道具であることを忘れて、有限の物理的身体を解放してしまう瞬間。実は器にも似た感覚がある。


二〇〇七年の早春、銀座のギャラリーで個展を開いたときのこと。武者小路千家の若宗匠・千宗屋《そうおく》さんにお願いして、二人でトークショウをさせて頂いたことがある。

千さんは、ちょうど国宝の茶室・待庵《たいあん》で長次郎《ちょうじろう》の無《む》一物《いちぶつ》という茶碗を手にするという垂涎の体験をされたばかり、その仔細を熱い言葉で語られた。待庵の内部空間は、仄かに暗く土の手触りであったこと。まるで山中の洞穴に一人瞑想して座っているようであったと。無一物を両手に包み込んで、抱え込むように口唇に触れさせた瞬間、「ふっ」と掌の中から器が消え失せたこと。

「赤木さん、これこそ器の究極の姿なのではないでしょうか」

その言葉が、すぐさま腑に落ちた。器とは、潔く官能的で、かつその存在を消し去る、いや自らの身体と深く交わるものなのだ。果てしない夢になるが、僕もそういう器を作りたいと願う。


車との一体感は、もちろん運転してみなければわからない。身体と道具が一つになるという感覚を支えているのは、皮膚を隔てた二つのものの接点、手触り、質感だろう。手触りの良い上等なカシミアのようにスムースで、吸い付いたように接地点との距離を一定に保ってくれる感触。路面の情報を正確にハンドルに伝えて、キビキビ走りクイクイ曲がってくれる体感。エンジンの音、振動。そういうすべてが一つになって全身の皮膚を包み込む。器に必要な質感も、全くそれと同じものだ。

僕が作った器と、それを使ってくれる人が出会うのは、たいてい展覧会の会場になる。もちろんできるだけ手にとって感じてもらいたいと思っているが、会場で実際に使っていただいて、器でドライブすることはなかなか難しい。そこで先ず、視覚的な目に見えるものの話から始めなければならない。目に見える手触り、質感のことを「テクスチャー」とここで言ってもいいだろう。

手触りを視せる

十二月恒例で、東京・西麻布の器ギャラリー「桃居《とうきょ》」にて個展を開いている。これは、僕にとって特別な意味のある展覧会。一九九四年に独立をして、最初の展覧会を開いてから、毎年ここで新作を発表してきた。二十年近く、自分の中に生まれた何かを形にして、器を作り続けている。

一週間の会期の間は、可能な限り会場に立って、訪れた人と会話する。その一年をかけて仕上げた作品を、どのように見て、感じて、思ってくれるのか、それを知りたいのだ。もちろん、ものを作るときには、それを仕上げた瞬間に得ることのできる充足がある。ただそれだけで終わることができるとしたら、本当は幸せなのかもしれない。だがそれだけでは何かが足りない。自分の作ったものを誰かに見て、感じて、思ってもらいたい。僕がそう願うのは、自分がものを作ることによって、初めてこの世界とつながる微かな回路を見つけることができたからだろう。

さて、こうして自分の作ったものといっしょに並んでいて気がついたことがある。それは、人は、何に感じるのかということ。展覧会場にお客さんが入って来る。すると感じているのがわかる。「わぁ、いいな」とか、「こんなのいやだ」とかでもいいけれど、そういうふうに最初に感じさせるのは、実は形ではなくて、先ほどのテクスチャーなのではないかと。

一つの器、いやすべての物質には、形がある。形は、必ず色をまとっている。でも、その形と色だけを指定すれば、同じ器が再現できるわけではない。同じ形、同じ色でも、感じさせるものが、一つ一つ違う。その器に向き合ったときに、まずは言葉にはできないけれど、「ぐっ！」と来るもの、何かを感じさせるのはその質感だ。テクスチャーの一般的な訳は、材質感覚。本来は、縦糸と横糸の交わる織物の手触りを表している。だから、この言葉の中に触覚的な感じがあるのだろう、手に「触る」もしくは眼に「障る」ような。そして、触れて感じる「暖かさ」や「冷たさ」といった温度。それらは、手だけではなく、目でも感じられる触覚だ。

漆の器の世界で、長い間忘れ去られていたのが、この手触りの感覚ではないか。漆器というと誰もが思い浮かべるツルツルピカピカ、つまり平坦かつ均一で摩擦のない光り輝く表面。そこには、まさに鏡のような純粋さと、極まりきった一種の美がある。さらに隅から隅まで施された装飾的な模様。通底した作為と、徹底した技巧は確かにすばらしい。だが、温度がない。手触りのない、あたたかなぬくもりのない、人の気持ちの入っていく余地がない、何かを切り捨てたような冷たさがある。その視覚的な冷たさが、漆器を僕たちの肌から、そして漆器を使うということから遠ざけているのではないか。ほんとうは漆の器って、あたたかいものなのだ。触れば、誰にでもわかっていただける。

僕が始めたのは、漆の世界にテクスチャーを回復させること。直接触れなくても感じられる、やわらかい手触りと、あたたかい温度を、漆の器の表面に取り戻すこと。

確かに形というのも大切だ。器の場合、形は機能に従って作られている。中が窪んでいて、物が入れられるとか、ここのところを持つとか、置くとか。つまり意味がある。赤にしろ、黒にしろ、色彩にもこの世界の中で切り取られた意味がある。形も、色も、それが持っている意味に基づいて選ばれ、選ばれた理由を言葉にして説明することができる。その文脈がわからなければ、理解をすることができなければ、形も色もほんとうには見えてこない。

テクスチャーには、言葉が必要ない。意味も理由もない。理解なんて必要ない。ただ感じとればいい。素直に、いちばん最初に、すっと気持に入ってくる。僕はこの何年か、それをすごく意識して器の仕事をしている。

工房にいまいる弟子たちはそのうち独立していって、自分の作品を作って生きていかなければならない。そこで、僕がアドバイスできるのは、「自分のテクスチャーを作りませんか」ということ。

それは、今までに誰も見たことのないものを作れとか、新しいことをやれとか、そういうことではない。「感じるものを作ろうよ」「いま自分の気持にすっと入ってくるテクスチャーを見つけて、それを自分のものにしようよ」と言っている。深い山中の湿った岩石に苔の生《む》しているようなテクスチャーでもいいし、古い鉄板が錆びてボロボロになった表情とか、植物の葉脈の透ける感じとか、見つめるだけで理由もなく感じ入ってしまう表情が確かにある、そういう感じを漆の表現で見つければいいと思うのだ。鉄の錆が好きなら、それをそっくりそのままに真似をしろと言っているのではない。「ゾワッ」でも「キレイ」でも「うっとり」でもかまわない、とりあえず何か自分の内部に届く回路が繋がればいい。すると、自分が感動できる。その感動が、見る人にもきちんと伝わる確信。

そんな話を、いつかグラフィックデザイナーの山口信博さんにしたとき、面白い体験を思い出してくれた。山口さんがまだデザインを学んでいた頃、こんな授業があったそうだ。写真の教室で、カメラを構えて何かを撮る。その時に被写体の形は、あえて撮らない。テクスチャーだけを切りとる。例えば、電柱がある。電柱の形は撮らないで、ずっと近寄って行って、素材感覚だけで電柱を写す。電柱の形、つまりその機能や意味は撮らない。そのようにしてテクスチャーだけを撮っていけば、目に見えている世界の意味を解体することができるのではないか。そうやって世界を新たに構築し直そう、といった授業を受けたと。

そんな面白そうな授業、教えていた先生は、誰だったのか。山口さんはその時点では思い出すことができなかった。

ゲンショーガクテキカンゲン

現象学的還元という哲学的な反省の方法がある。

僕たちはふつう、目の前にあるもの、例えば漆塗りのお椀や電柱が、自分が見ているままの姿で、自分とは別に客観的にそこにあると素直に信じている（オーストリアの哲学者エトムント・フッサールはこれを自然的態度の一般的定立と言っている）。ものすごく大雑把に説明すると、現象学的還元とは、そういう自然なものの見方を疑ってみようという態度。素朴なものの見方をちょっと棚上げにして、対象を直接、もっと生々しく見てみようということらしい。哲学の議論は、とても精密な論理を積み上げていくものなので、僕の大雑把な現象学的還元は、区別してゲンショーガクテキカンゲンとここでは言っておこう。

さて、前回は僕の子どものころの記憶についてお話しした。太陽という天体は、地球から一億四千九百五十九万七千八百七十キロ離れたところにある直径百三十九万二千キロ、ほぼ球体の恒星というのがあたり前田のクラッカーだが、子どもの僕はそんなこと知りゃしない。お日様は、平らな空に開いた穴っぽこで、瞳を押しつけて覗き込むものだった。樹木には高さなど無い、どこまでもうずたかく天に届くものだった。その方が、「ずっと楽しい！　うれしい！」。クラッカーを棚にのっけて、ゲンショーガクテキカンゲンをするまでもなく、もともと僕はすでに生き生きとした世界に触れていたのだ。やがてクラッカーを食べて知恵がつくと、太陽さんは一億五千万キロの彼方に行ってしまわれた。

実は、僕たちはいつのまにか言葉を身につけ、意味というフィルターを通してしか世界を見ることができなくなってしまっている。誰しも、ものすごく素直に自然にものを見ているつもりでも、漆塗りのお椀は中に味噌汁を入れて飲むための道具としてみてしまう。ところが「椀」という言語を持たない者ならば、まさに未知との遭遇、興味津々その物体を頭に被ったり、においを嗅いだりしてみることだろう。そこでは対象との生き生きとした新たな経験が紡がれることになる。だが僕らにとって、この場所はすでに意味に埋め尽くされ、直接的で生き生きとした関係で世界と睦み合うことが難しい。

原始、世界は混沌ではなかったのか。やがて人類は世界を耕しはじめ、言葉を操り、素材を発見し、加工し、デザインし、世界は隅々まで構築され尽くした。完成された世界は流動性を失い、固くなってしまった。意味はそれを固定化しようとするものだから、意味に埋め尽くされると温度が無くなる。世界は冷たくなってしまう。そんな世界にずっと浸っていれば、息が詰まるのだ人間は。

それこそが僕の感じてきた世界との違和感の正体だろう。フィルターのようなものが僕と世界の間にあって、直接世界と繋がる回路がもてない。帳《とばり》のように張り巡らされた世界の意味を解体し、生き生きとした関係を取り戻すことが、有史以来芸術に与えられた役割だという、あたりまえのことを僕はこうして確認している。

僕の椀は、形でも色でもない、まずはそのテクスチャーから始まる。

皮膚の比喩

ずいぶん前に同じ話を、スタイリストの伊藤まさこさんと話した。伊藤さんには、ちょっとおかしな癖というか、趣味があるらしい。人の身体のある部分を見ると興奮すると言う。いっしょにいるといつもそこを見詰めて、触りたくなってしまう。彼女の一番のお気に入りは、皮膚の表面にある傷痕とか、瘡蓋《かさぶた》とかで、どうしても感じてしまう。でもその理由がわからないということだった。実は、伊藤さんの好きな傷痕とかもテクスチャーじゃないかと、僕は思っている。

人間は、一つの袋みたいなものなのではないか。皮膚という名前の薄い膜で包まれた袋。人は、たった一枚の皮膚で、外側と内側を隔てられている。そして生きている限り、その袋の中から出ることができない。僕は、ずっと僕の袋の中に居なければいけないし、山口さんも山口さんの袋の中に、伊藤さんは伊藤さんの袋の中に、居つづけるしかない。しかしそれは、とても不自由なことなのではないか。

皮膚表面の傷は、僕たちを包んでいる袋が少しだけ破れたということ。するとすぐさま内側から体液が滲み出してくる。ほんとうに袋が破れてしまうと、それは死を迎えるということだから。生きている限りは破れたところを繕わなければならない。その刹那に、僕たちはちょっとだけ外に出ることができるのかもしれない。ずっと誰もが袋の中にいなければいけないのに、我慢ができない。少しだけでも外に飛び出すこと、隠された内部をのぞき見るように、世界の秘密を知ること。そこには自制のできないような恍惚がともなっているのではないか。傷痕は、そんな気持を思い出させる。だから、傷痕に感じてしまう人もいるのだ。

テクスチャーに人が心を動かされたり、ある意味、美しさを感じたりするのはなぜなのだろう。人が何かを美しいと感じることは、すべて個別的なことなのか、美しいものはすべて相対的なものだと言い切れるのか、どこかに普遍性は無いのか、誰もが美しいと思えるような絶対的な美しさって無いのかと、考えつづけている。実は、僕は普遍的なものの存在を少し信じている。もし、どこかに絶対性があるとしたら、それは人間の、いや生命の本質に担保されているようなものなのではないか。その生命の本質とは、いったい何だろう。

それは、ひょっとしたら皮膚ではないのか。皮膚という名前の袋。生まれるときにできて、死んだら消える。生きている間に、その表面には無数の傷ができ、癒される。歳をとると、皺が刻まれて、深い襞になる。僕の内側と外側を分けている薄い膜、つまりそれこそが僕自身なのではないか。

僕が、テクスチャーに感じているのは、テクスチャーが傷の比喩、いやテクスチャーは、傷そのもの、小さな無数の傷の集合体だからではないだろうか。皮膚の表面にできた傷。物の表面にできた傷。そして、心というものがあるならば、心の表面にも傷ができる。それらは、すべてカオティックな世界への入り口なのかもしれない。

漆という樹液は、樹皮表面にできた傷を覆いつくすために滲み出てくるものだ。それは瘡蓋のようになって固まる。まさに、瘡蓋としての漆は内部と外部の逆転する場所の象徴ではないだろうか。

過去から未来へと一方的に流れ続けるような時間の感覚にも、僕はどこかでついていけない。僕は、現在という時制は、過去と未来の間にある厚みの全くない膜のようなものだと思っている。その膜に、少しでもいいからキズをつけてみたい、そんな感覚についても、いずれお話ししてみたい。
僕は世界と二重に隔てられている。薄い膜に包まれ、その袋の中にいて、世界と直接触れ合えない、物理的な皮膚によって。世界に意味を与える言葉によって築かれた象徴的なフィルターによって。僕の抱えている世界との違和感、時間との齟齬が、テクスチャーを求めている。その傷跡は小さな僕自身の、僕という薄い膜のような存在の、消失点でもあるのではないか。

後日、山口さんから一枚のファクシミリが届いた。

冠省　先日お話しをしていて、テクスチャー＝キズ。内と外への輪郭上へのキズ。さらに森の土から立ちあがる漆の木のキズ口からあふれる樹液。たいへん詩的なイメージの連鎖にとりはだが立ちました。世界とつながっているという感覚の回復にもつながっていますね。デザインの不幸は世界とつながることよりも資本とつながっている点です。あの後、さっそく調べたら、写真の授業を指導していたのは、石元泰博氏だったので驚きました。

山口信博拝

赤木明登様

石元泰博さんの『桂』[7]という古い写真集を見つけた。文章を丹下健三さんが書いている。本を開くと、モノクロームの写真に切り取られていたのは、桂離宮の構造ではなく、この建築のまさにテクスチャーそのものだった。

わたしの消失点

永遠と瞬間

完璧に透明な帯状の薄い膜が、わずかに波打ちながら、無数の小さな石に覆われた地表の上を、摩擦も音も無くスルスルと滑り落ちていくように見えた。その帯の長さは、おそらく無限に近く、どこから始まって、どこに続くのかさえ、いつ始まっていつ終わるかさえ、全く知ることができなかった。

一九七二年の夏、十歳の僕は[8]五十鈴川のほとりに呆然としていた。家族旅行で初めて訪れた伊勢神宮には何もなかった。森の入り口に川が流れ、一本の橋が架けられていた。ただそれだけだった。ブルーノ・タウトに世界的建築物と記された社殿も、僕の記憶には残っていない。ただ内宮の入り口に流れる川の美しさにつかまったのだ。日常の喜怒哀楽とは全く違うその感覚は、そのまま僕の心の何処かに染みついて離れることがなかった。それから何度か伊勢神宮を参拝したが、最初の印象が薄れることはない。

いま僕の前に一冊の写真集がある。石元泰博さんの『伊勢神宮』。その冒頭の、あのせせらぎを写し込んだ写真に、再び釘付けとなる。長い年月をかけ「桂離宮」を撮り切った写真家が、次はいよいよ伊勢かという期待に応えた。だが、なかなか撮影許可の下りない神宮を短時間で捉えた瞬間芸のような仕事。桂とは写真に現れた時間の流れ方が全く違うけれど、それがかえって神域の空虚さをより鮮やかに炙り出す。川面の見開きのあと、僕の目に映るのは建築物ではなく、壁面や地面に写り込んだ木陰か木漏れ日ばかり。空なる社の背後にある熊野へつづく森の濃密な気配こそ、僕にとっての伊勢だった。

五十鈴川岸でのフリーズ体験を、なんと言い表せばいいのかわからないけれど、機会さえあれば誰にでも等しく訪れる出来事じゃないだろうか。

信仰というのは、神を信じるかどうかということだろう。でもそれは何処か西洋的な問題、つまり主体的な自己があって、その人が自らの意志として「信じる」か「信じない」かを問い、決定するみたいな。でも僕の場合はそうではない。「神」は「信じる」ものではなくて「感じる」ものなんじゃないのか。何かそういう存在、気配のようなものを感じる。感じてただそこにいる。それでいい。その対象を、人によって「神」と言っても、「宇宙」「自然」もしくは「混沌」と言ってもかまいはしない。

ただその何かと自分が対になって向き合い、何らかの超越的な体験をすることが日常茶飯の事ではない限り、その現場には大なり小なり原因があるにちがいない。身の回りの自然は、いつもありふれたものだが、自然の中の何かが際だつ場所や瞬間が確かにある。何が際だち、何に感応してしまうのか、未だよくわからない。でも、それはおそらく時間と結びついている。自然は、とどまることを知らず、常に変化し続けている。だが同時に、何も変わらない。山は山のまま座り続け、川は川のまま流れ続ける。森はある意味不変だが、季節は巡り、世代の交代を繰り返し、日差しとともに木漏れ日は移り変わる。この景色も、この光もいつだって、一瞬でしかありえない。

僕が想像するに、僕がすっかりやられてしまうのは、そんな永遠の中の瞬間なのだ。永遠を背景にした一瞬の揺らぎ。流れていく、移ろっていく姿に永遠を感じた時、やられてしまう。純粋な水も、清らかな川の流れも、十歳になるまでには幾度となく見てきた。でも、そこにあったものはそれらに似ていても、何かが全く違っていたのだ。自然の中の何かを際だたせるのは、永遠と瞬間の睦み合いに違いない。

「万古碧潭《ばんこへきたん》」という言葉がある。道元の『正法眼蔵《しょうぼうげんぞう》』のたしか「古鏡《こきょう》」の巻の中に出てくる。時のすべてをのみ込んだような深く碧い湖水。永遠をとどめた一瞬の静寂。そんな意味で、道元の美意識を結晶させた一句として、自分の仕事に向かうときいつも座右にある。僕が器に刻みつけようとしているテクスチャーなるものは、静まりかえった世界の流動性、移ろいの痕跡だろう。叶うことならば、そこに永遠が現れてくるのをひたすら望んでいるのだが。

つまりこういうことなのだ。僕の作り出すものは、おそらく僕の分身に違いない。僕が伊勢の川岸に佇み、感応している対象は、確かに自然という形で自分の外側にあるけれど、同時に自分の内側の深いものと鏡像のように結びついている。内部と外部を通じる回路が開けた時、その間をそれまで遮っていたもの、深いものを隠蔽していた、世界の「意味」が破れ、僕の「皮膚」に痕跡が刻みつけられるのだ。そして、わたしというのが薄いたった一枚の袋のような皮膚そのものである限り、その刹那にわたしは消失し永遠と結ばれる。

しるし

欧米の現代美術批評にも用いられる言語学上の言葉で「インデックス（指標）」というのがある。動物が軟らかい土の上を歩いたことによってできた凹み、つまり足跡のように物理的接触の痕跡を記号化したもの。同じ記号でも、形状の類似によって結びついている「アイコン（図像）」（例えば肖像画）や、具体的な結びつきのない「シンボル（象徴）」（例えば青信号）と区別されている。「インデックス」が、現代美術において重要視されるのは、作品のオリジナリティというモダニズムの神話を打ち砕く契機になるから。モダンアートは、天才的な個人（例えばピカソ）が作者としてあり、特別な自己が十全に作品の中に表現され、鑑賞する人は、作品に込められたものを読み取り理解することを前提として成り立ってきたらしい。それ故、絵画なら絵画というメディアに、彫刻なら彫刻というメディアに純粋に徹し、かつ作品は、何ものからも独立、自立したものでなければならなかった。それは、かつて絵画も彫刻も宗教を宣伝したり、権力を誇示したりするための道具だったから。

スゴイけど、なんだか大変だねぇ。それに対して、「インデキシカル」な作品は、外部と作品内部との物理的接触を前提として成り立ち、作品の自立性が疑われ、作者の個別性は作品の背後へと押しやられてしまう。そういうプロセスを美術批評家ロザリンド・クラウスが『オリジナリティと反復』という本の中で記述してみせてくれる。さらには、「シフター（転換子）」という概念がインデックスの中に導入され、これは外部と内部の接触による「揺らぎ」を表現している（と僕は勝手に理解している）。

クラウスさんは、一九七〇年代以降の一見ばらばらに見えるモダンアート、つまりヴィデオ、パフォーマンス、ボディ・アート、フォト・リアリズム絵画、ストリート・アート、アース・ワークなどの中に、インデキシカルな傾向があるのを発見し、その先駆けとしてマルセル・デュシャンのレディ・メイドを捉え直していく。インデキシカルな実践によって、作品のオリジナリティというモダニズムの神話が解体され、鑑賞者は作品に込められたものを一方的に読み取るのではなく、作品とより生き生きとした関係を紡ぎ出すことになった。これをもって時代は、モダンからポスト・モダンへと移行するらしい。

さて話を元に戻せば、器とは僕にとって最初からポスト・モダン。器は、作者個人の個性が表現され、精神性が込められたようなものではなく、鑑賞する人、いやむしろ使う人が、ゲンショーガクテキに向き合い、あるがままに、もしくは気ままに、その存在と出会うものだ。僕にとって、（あえて強調しなければならないが）僕自身の仕事に限定して、個性的な作者は必要ないといつも思っている。もともと器とはそういうものだったから。

近代以降、西洋から芸術の古い考え方が輸入されてから、器作りという手仕事の一つもモダニズムの神話に犯されて、その多くが「工芸」と呼ばれるようになった。手仕事が近代化の中で生き残るために、崇高なる芸術と結びつけば、「工芸」となり「作者」が生まれる。作者・作家は近代的自我によって成り立っている。

近代的自我も、作家性も、僕の内部で解体してしまいたいと願い、自分の作り出すものが工芸、やきものならば「陶芸」、ぬりものならば「漆芸」といかに離れるかをいつも課題としている。もちろんそれは僕自身の仕事に限ればこうしたいと願っているだけで、その考えを人に強要する気はもとから無く、また、芸術にも工芸にも僕を感動させてくれる素晴らしいものがたくさんあるので、それを敬いこそすれ否定するものでは無いことを強調しておく必要がある。

何かが同じ

フッサール自身が、現象学的還元という哲学的な反省と、「悟り」「啓示」といった宗教的経験との類似性を語っている。哲学の場合重要なのは、ここで何が似ているかよりも、何が違っているのかを精査することだろう。

だけど僕の発想は基本的にはその逆。全く哲学的ではない。この本でこれまで触れてきたこと。松田正平のスケッチに現れた生命感、古陶磁のたたえている詩情、ハンス・メムリンクの絵画に描かれている神聖な光、マーク・ロスコの瞑想、子どものころに見上げた巨木と夕日、僕の勝手なゲンショーガクテキカンゲン、器のテクスチャー、伊勢神宮での至高体験、インデキシカルな現代美術、これらすべてをばらばらのことと考えるのか、相似形をなす一つのことと考えるのかで世界の見え方は大きく変わってくる。僕にとって、宗教も芸術も工芸も器を作ることも、そして生きることも同じ一つのことだ。では何をもって一つとするのか。その答えをここで言ってはいけない。言葉にしたとたんに意味が生まれ、時間が停止してしまうから。だから、僕は衛星のように核心の周りをグルグル回り続けるしかない。

もう少し禅問答を。先述したように、わたしというのが皮膚でできた袋のようなものだとすると、わたしは内側と外側を遮ることによって成り立っている。同時に一人一人のわたしは、築き上げられた意味によって隣にいる他人と隔てられ、他者と何が違うかによって成り立っている。日本人には、日本人である実体やその本質的な中心があるわけではなさそうだ。日本人は、韓国人でも中国人でもアメリカ人でもタンザニア人でもないことによって日本人であるにすぎない。中心がないから、例えば伊勢神宮のような人工物をわざわざ作り上げる必要がある。

同じように芸術家は、工芸家でも工員でも建築家でも農夫でも事務員でもないことによって成り立っている。本当は中心に何もないから、壮大な虚構を真ん中に作り上げなければならない。同じように僕は、僕でない誰かと違う個性として成り立っている。残念ながら、言葉によって他者を自分の内部で否定し、他者から際立つことによってしかわたしはわたしになれない。

時代が、もしも本当に変わったのならば、そろそろ自分が人とどこが違って、どこが劣っているか、優れているかなんて考えることをよした方がいい。逆に自分がやっていることが、自分自身が、どこが他者と同じなのかを大切にしていきたいと思う。否定でなくて肯定。他者に対する肯定をどこまでも繰り返していく道の果てに、小さな自己の消失点があるように思う。

伊勢へ

冒頭で伊勢の話を持ち出したのには、少々理由がある。

一九二五年、大正末のことだ。開通したばかりの近鉄に三人の男たちが乗り合わせていた。列車は伊勢へと向かっている。思想家の柳宗悦《むねよし》、陶芸家の浜田庄司、河井寛次郎。旅の途上でどんな会話が交わされたのだろう、その成り行きで一つの大発明が成し遂げられた。

道中で生み出されたのは「民藝」という言葉。もしここでこの言葉、芸術とも工芸とも異なる、でもどこかが重複している新語が生み出されなかったら、その後の民藝運動の展開はあり得なかっただろう。民藝と芸術と工芸が大きく重なり合っている部分は、ともに「美しいもの」という一言に尽きるだろう。そして民藝が他から際立っているのは、それが「暮らしのなかで生きられるもの」という一点だろう。そういう意味で、僕自身も民藝の子孫に違いない。器は「暮らしのなかで生きられる美しいもの」なのだ。けれど、民藝という言葉が発明されると同時に、民藝は終わってしまったとも言える。車中の男たちの周りに、もやもやとうごめいていた熱気流が明確な言葉として切りとられた瞬間から冷めていく。

柳さんはそこから、民藝という言葉を軸にして「美しいとは何か」を問い続けることになる。最大の切口は「無名性」に支えられた「無心」によって現れる美しさだろう。ではなぜ、無心つまり自己の消失によって美しさが現れるのか。それは無心こそ「自然」であるから。ではなぜ、自然は美しいのか。そこには「永遠と瞬間」が睦み合っているからと、言っておこう。それがどうして美しいのか……。おそらく問いをいくら繰り返しても、言葉によって答えるのは不可能。柳さん自身も手が届くようで届かない場所を周回し続けるしかなかった。それなのに、やがて小さな間違いを犯す。手本を示すのだ。

柳さんは、自分が選んだものを、見て信じろと仰有っている気がする。いや、ただ後に続くものがそうしてしまったのか。選ばれたものは確かに美しい、間違っていない。でもそれは間違っている。柳さんと、ある壺の間に生まれた美しいものは、その瞬間にだけ生まれた個別的で気ままな関係に過ぎない。同じ壺を僕が見た時に、その間に同じ美しいものが生まれるわけではない。すべての人はそれぞれに美しいものに出会うしかないのだ。美しいものを見いだすことには、確かに宗教的な部分がある。でもそれは信仰とは違う。個別的なものを普遍と勘違いして、信じてしまってはだめだ。いや、それじゃイケナイ。それはなぜか。答えは実に簡単。一つのことを信じてしまったらもう出会えなくなってしまうから。多くの人がお手本を教科書のように信じてしまったから、民藝は冷たく固いものになり、本来の自然さを失った。やがて生活そのものが変化し、民藝は暮らしのなかで生きられるものではなくなり、民藝は民藝ですらなくなっていった。

柳さんの論理は、さらに不可解だ。無名の工人は、近代化の波に翻弄され消えて行きつつあった。だがそこで無心の自然美に気がついた個人作家が登場し、波にのみ込まれようとする職人たちを御指導。無知な職人とインテリの作家という身分制度みたいなものが提案される。そういう時代だったのだろうけど、無知な職人は無知なまま、インテリ作家はどうあがいても無心にはなれないままのよう。でもそれは違うよね。本当に知性的な職人はたくさんいるし、インテリ作家の近代的自我など幻想に過ぎないと思える。いまや志あれば、誰でも素直に無心に立ち返ることのできる時代なんじゃないか。

柳宗悦は一八八九年に生まれている。ドイツではマルティン・ハイデッガーが同年。両者はそれぞれのアプローチで美の本質に迫ろうとする。柳さんの美学は理解し易いがロマンティックすぎる。もちろんそれは個人的な好みのこと。ありやりや、他者を否定しないなんてぶっといて、いつのまにやら好き勝手な放言を。いけない、いけない。

極端を恥じる

輪島の漆芸作家だった角偉《かどい》三郎《さぶろう》さんがこんなことを仰有っていたのを思い出す。「数をこなすと見えてくる世界がある」と。

まだ若かった僕は素直にその言葉を受け実践した。僕が漆職人の弟子だったのはバブル経済の絶頂期で、その気になればいくらでも仕事があった。独立したのはバブルが崩壊してからだったけれど、それでも一人で年間千から二千点の椀を仕上げた。まだ三十代で体力のあるうちにこなせるだけの数をこなしてやろうと考えていたから。その後、工房の職人さんも増え、いまでは年間に五千点程を仕上げる。気がつくと輪島で漆を触るようになってから二十年が過ぎた。その間すでに十万点近い器が僕の手の中を通り過ぎてきたことになる。

三十代の十年間は、朝に目が覚めて、夜に眠りにつくまで漆を塗り続けた。それ以外のことは一切何もしない。漆の仕事はすこぶる単調で、電話帳の頁を右から左に一枚ずつめくっていくような作業を朝から晩までくりかえす。ど根性でギリギリまで睡眠時間を切り詰め、それが三日つづき、そのまま十日つづく。そのうち体調を崩し風邪をひいて発熱したりする。それでも仕事はつづける。人間の身体は不思議なもので、ひどい熱があっても知らんぷりして仕事をつづけていると勝手に回復してくれる。でも身体の底の方で何かが壊れたような鈍い音がする。それでも単純作業はさらに一ヶ月つづき、気がつくと一日が終わっていて、振り返っても一週間くらいの記憶が全くなかったりする。そのころは仕事が楽しくて仕方なくなって、僕の場合は幻覚まで見えるようになってきた。仕事をしていると背後から急に光に包まれたり、果ては目の前に観音様のようなものが現れたりする。一方でそれは脳内麻薬物質による幻覚だろうと冷静に見つめる僕がいる。気がつくと仕事をしながら気絶していたりするが、そのまま何ヶ月も仕事はつづく。そんなことを十年くらいやっていたら、すっかり僕は僕でなくてもいいと思えるようになってしまった。無心に近づくのはいとも簡単だ。

と、思っていたのだが……。僕のように極端なことをしなくても、本物の職人は、三度の食事をきちんと摂り、昼間の決まった時間にあたりまえに仕事を黙々とこなし、仕事を終えて一風呂浴び、威張りもせず、理屈もこねず、人々の暮らしに奉仕するよい物を作り出すものだということにようやく気がついたのが、四十を過ぎてから。情けないことだ。いまや自分と、自分の作り出すものの未熟さに恐れ入るばかりの日々なのだ。だから僕の言うことなど信用してはいけません。

変わらないものと変わるもの

離れていく

二〇〇七年の三月、僕の住む能登半島で大きな地震があった。この土地に住む人々の生活が、そして地場の産業が、甚大な被害を被ったけれど、実際に経験した人でなければ、そんな出来事を思い出すこともうないだろう。言葉にしろ、映像にしろ、流れつづけていく情報とはそういうものだ。

僕のこの身体には、人が作り上げたありとあらゆるものが何の意味も無くほぼ一瞬で壊れて消えていく様が、骨の髄まで染みこんでしまった。それがよいことでも、悪いことでも、記憶に残り、血肉となるのは、流れ去る情報ではなく、まさに身に付いたもの、つまり皮膚に触れて体験したものだけではないだろうか。だからこそ、いま自分のすぐ近くにいる人、手の届くところにある道具こそ愛おしく大事なものに思える。触ることのできないものにはたいして意味がないんじゃないか。いま情報のみが身の回りに溢れ、手に触れるものとの関係が希薄となり過ぎてはいないだろうか。

能登半島地震から一ヶ月と少しがたったころ。何も変わらないかのように季節は巡った。工房の桜は四月の終わりに咲く。ほぼ同時に芽吹きの季節。遠くの山は、等高線に沿って下から濃い緑のグラデーション。山頂付近は、まだ緑の気配が無く、春は届いていないらしい。ながらく不通のままだった能登有料道路が、ようやく開通した。連休の終わりに、僕はここを通り輪島から金沢へと向かう。この道があっても、奥能登から金沢までは車で約一時間半の道のり。通行止めで一般道しか利用できなければ、三時間かかる。輪島〜金沢間は約百二十キロ。日本海に突き出した能登半島は想像以上に広い。

半島中央部の山の尾根に取り付けられた道路は、地震で大きな被害を受け八箇所で崩落して、不通となっていた。久しぶりに通った道路は、それぞれの箇所に迂回路が作られ、復旧工事が急ピッチで進んでいた。車には、僕の工房の職人さんたち七人も乗っている。金沢のデパートで開かれているある展覧会を見に行くのだ。

「輪島の漆芸家・角偉三郎《かどいさぶろう》遺作展」その最終日だった。

すべての始まりは、一九八五年の東京・日本橋。同じ角さんの展覧会だった。もちろん、当時二十三歳の僕は、角偉三郎という名も、漆のことも何も知らない。ただ、会場で目にした器に激しく打たれたのだ。そこに並んでいたのは、物質を確かに超えていた何かだった。器は、人間の生活に奉仕するために作られた道具である。だが、角さんの器には、道具を超えた存在感があった。人格があるようにも思えてならなかった。この、一個の器が放つ強烈な印象は、いったいどのような根拠から生まれ出るものなのか、全くの謎だった。角さんの一撃が、二十三歳の僕の心に大きな波を立たせ、漆に向かって行く一つのきっかけとなったのだ。

それから二十年がたち、二〇〇五年に角さんはこの世を去り、気がつけば、僕は初めて出会ったときの偉三郎さんと同じ年齢になっていた。それでも僕は未だ漆の道の途中で何度も迷い、相変わらずの根無し草。没後二年を経てようやく開かれた回顧展なのに、どういうわけだかなかなか足が向かず、ようやく最終日での雁行となった。

僕が、一九九四年に塗師として独立し、自分の作品を作るようになってからは、偉三郎さんとはすっかり疎遠になってしまった。金沢に向かう車の中で、偉三郎さんのことを思い出しながら、その理由を考えている。

偉三郎さんは、人の作品について感想を語ったり、人に意見をしたりすることが、あまり無かった。誰かの作ったものを見たとき、確かにこの人の内部には何かがあって、ニヤリとしたり、寂しそうだったり、表情に怒りが表れたりはするのだが、それが具体的な言葉になるのを、僕はあまり聞いたことがない。

いつだったか僕が独立したばかりのころ、夜中に電話がかかってきたことがある。「あんなもん作っとったらだめや！」と、いきなり怒鳴りつけられる。酔っている。それは偉三郎さんの誤解だった。東京の器屋で僕のものだと勘違いしたのは、輪島の他の作家のものだった。そのころになると、偉三郎さんの作品に追従した、偉三郎さん風の器が出回るようになっていた。偉三郎さんは、それを毛嫌いし、僕にも自分に似たものを作ることを態度で許そうとしなかった。

偉三郎さんは、僕の作ったものをどのように見ていたのだろうか。一度だけ、その口から発せられた言葉を聞いたのが、記憶の端にいつまでも残っている。

確か、二十一世紀になったばかりの早春だった。能登半島の西海岸に近い山中にポツンと立っていた偉三郎さんの工房を訪ねた。以前のように頻繁に会って、酒を飲んだりすることは無くなっていたが、年に一度くらいは、こうして角さんの顔が見たくなるのだ。その時、僕は始まったばかりの薄作りの葉《は》反《ぞり》椀シリーズの中から、一番大きな葉反鉢を一つ持って行った。角さんにお見せして、意見を伺おうと思ったのだ。僕としては、「ようやくこんなものが出来ました。どうでしょうか！」と、ちょっとくらいは褒めてもらいたいような気分もあった。でも、偉三郎さんは葉反鉢を箱から取り出すと、右手で高台をグイッと掴んで、腕を伸ばし、自分の目の前にかざした。見つめていたのは、ほんの少しの間で、表情を変えずに少し頷いてみせて、すぐに箱の中に突っこみ、厳しい、寂しそうな顔でひとこと呟く。

「何や、機械で作ったような格好やな」

心が少し傷んで、それから会話が弾むこともなく、僕はその場を去った。

いま僕が作っているものを、角さんが見たらどのように仰有るだろうか。きっと何も言わないまま、あいかわらず厳しい顔をしているだろう。いや、「まだまだだ」と、切って捨てられるだろう。だが、角さんの恐ろしい否定的な態度に接して、僕が体験した衝撃は、悲しみや不安に満たされたものではなかった。どちらかというと、その衝撃は屈折した喜びに近かった。

僕は、初めて角さんの作品を見たときから、自分とは異質の、未知の、得体の知れない魅力的な何かを感じていた。いまでもそれはかわりない。

だが、どんなに尊敬して、愛していても、僕は角偉三郎ではないし、その意志を継ぐ者でもない。僕が角さんの方法を真似して、似たようなものを作っても意味がない。独立して、自分のものを作るようになった瞬間から、僕が僕になるためには、角さんから離れなければならなかったのだ。どんなに親しみを感じ、その作品に魅せられていても、僕は離れなければならなかった。離れることによって、初めて自分になれたのだ。

角さんは、人の気配にものすごく敏感な人だったから、僕が離れようとしているのを繊細に感じ取られて、角さんの方から離してくれたのだろう。たとえそれが切って捨てるようなやり方だったとしても。角さんは、強く否定をしながら、思い切り肯定をしてくれたのだと、いまでは思う。僕は、それが切り裂かれるように嬉しかった。

形に現れる自然

角さんに僕が作った葉反鉢を手渡した、その帰り道、ぼんやりと霞んだ海岸で僕は石を拾った。角さんの工房のある山を下ると、すぐに日本海に面した泣き砂の浜に出る。砂の粒子が細かく、水が美しいので、かつては歩くと砂がキュッキュッと音を立てたということだが、いま何度試してみても砂が泣くことはない。

波打ち際はどこまでもつづく砂浜で、その上に打ち寄せられたようにゴロゴロと玉のような石が転がっている。どういう理由からか、みな大きさと形が揃っている。似ているようで、手に取ってみると一つ一つ色も形も違う。そしてそのどれもが完璧なのだ。この完璧さはどこから来るのだろう。いやそうではない。僕がこの手で作り出す形は、どうしてこのような完璧さに近づけないのだろう。どこから「機械で作ったような」不自然さが現れてくるのだろう。

僕は、いくつも、いくつも石を手にとっては離す。再び手に取る。この石の形があるから、僕は自分の作り出す形の不自然さを知ることができるのだ。やがて、気になる石を手放せなくなってしまう。一つ家に持って帰る。持って帰っても何かの役に立つわけではない。ゴロリとそのへんに置いておくだけなのだ。

それから偉三郎さんの工房を訪ねることがなくても、その千代浜という名の海岸に通いつづけている。そのせいで、僕の家には、窓辺に、玄関の一画に、テラスの上に、仕事場の棚にと吹き寄せられたように石のたまり場ができてしまった。石は、冷たくもなく、暖かくもなく、ただそこにある。そんな石たちを毎日眺めながら暮らすようになった。

遺作展の会場には、初めて出会ったときと同じ椀や盆が、白い展示台の上にずらりと並んでいる。そこにはどこか懐かしい八〇年代の臭いがした。実はこの展示、あまり感心したものではなかった。急拵えというのか、集めた角さんの作品を取捨選択することもなく、ただ並べただけのものだった。どんなに優れた作家であっても、作品の中には出来のよいものと悪いものがある。やはりこういった展示には、良いものだけをきちんと選び取る眼が必要なのではないだろうか。

角偉三郎というと、どうしても外連味《けれんみ》と押し出しの強い、一風変わった作品を思い出す人が多いだろう。手に漆を直接つけて、椀を撫で回すように塗ったり、雑巾に漆を染み込ませて、大盤に叩きつけたり、といった映像が目に浮かぶ。それは雑誌やテレビのドキュメンタリー番組が角さんを取り上げるときに、絵になりやすく、何も漆のことを知らない人にも興味を引くように演出したからで、角さんは役者としてそれに応えていた。確かにふつうの漆職人にとっては、鼻につくパフォーマンスが多かったが、そういう面でのファンも多くいただろう。

だが、僕にとって角さんの魅力は全く別のところにあった。一見大胆に見えて、か細い糸が震えるような繊細な形。あの涙が出るような輪郭線の変化の微妙な美しさ。角さんは、いったいどのようにしてあの形を手にしたのか。大胆で激しいテクスチャーを前面に押し出す八〇年代的な表現主義の陰に隠れて、それで角さんはずいぶん損をしていると思うけれど、見つけにくくなってしまった形のほんとうの美しさが、この展示でもよく見えないままだ。それこそ角さんの一番の魅力なのに。

僕は、若い弟子たちのあとについて、彼らがどのように見ているかを眺めている。僕は、とうに二十三歳の僕ではない。何も知らない無垢な僕ではない。たとえ同じものを見つめていても、寂しいけれど、あのときの新鮮な衝撃が訪れることはもうない。それよりも、若い弟子たちがまだ知らない角さんの作品をどのように見ているのかが知りたかった。

生命感の由来

「貝の口が砂ん中からニュウッと出てきとるような形」と、わかったようなわからないようなことを言って、あとは「いい形にしといてね」と、木地師に任せてしまうのが角さんのやり方だった。その形は、木地師がいれば、一人だけで作れるものでは決してない。あの角さんに頼まれた仕事だからと、精一杯によい形を自分の経験、いや輪島に積もり積もった時間の中から掘り出してくるのだ。代々つづく曲物師、椀木地師、指物師、刳物師《くりものし》、そういう職人たちが絞り出した形は、その祖先が営々と作りつづけてきた血の中に眠っていた形に違いない。積み上げられた時間が、人工の不自然さを超えさせるのだ。その美しさを、角さんが発見し、この世界にもう一度引っ張り出さなければ、誰も見ることのできなかった形だ。そうやって、協同する職人さんの力を呑み込んでしまう、怪物のような大きさが角さんにはあった。

角さんは、自分が勝手に思い描いた形を木地師に押しつけることもなく、ある意味自由に挽いてもらっていた。たくさんの合鹿椀《ごうろくわん》写しを作ったが、よく見ると、作られた時期によって形は微妙に違っている。決まり切った固定化したような形など、角さんの中にはない。

ある程度の振幅を保ちながら、木地師に流れる血と素材との接点で形が生まれてくる。ある種の気ままさこそが、角さんの作る形に生き生きとしたものを与えている。自然とは、生命とは、恣意的なものなのだ。そして、人工とは、機械とは、この気ままさを否定し、形の一面だけを押しつけるものだ。角さんは、恣意的な木地の形そのままに漆を塗料のように塗り重ねて器を仕上げる。角さんは沈金師だから、もともと漆を塗るということをしない人だった。だから、自分で塗っても塗師のようにきれいに塗ることはできない。それでも、自らの手で塗りつづけた。

漆のことは、自分の手で常に触りつづけ、塗りつづけていないとわからない。漆が見せてくれる貌は、作り手とその素材との対話の中からしか生まれてこないものだから。おそらく木地についても同じで、塗師には、木地のほんとうのことはわからない。木地のことは木に直接に触れつづけている木地師にしかわからない。その両方が角さんの身には染み付いていたのだろう。

角さんは、技術的には未発達だった古合鹿の原初的で荒々しい塗りを、最後まで追求しつづけた。具体的には、輪島塗下地も上塗りもせずに、生漆《き》と中塗漆を塗り重ねただけで仕上げるのである。下地塗りをして木の目や、補強のために貼られた布の目を完璧に覆い隠さなくても、幾度も研ぎ、塗り重ねて形を整えることが無くても、塵一つ無い均一な上塗りをしなくても、漆さえ塗られていれば、とりあえず器として使うことができる。そうして古合鹿の姿を追い求めながら、その生命感を現代に蘇らせながら、陰影に消え入る間際の美しい形を探りつづける。

合鹿椀の漆技術は未発達であったが、それがそのまま角さんの塗りに対応している。「上手になると、つまらなくなる」とは、生前何度も聞いた。そのどこか屈折した物言いは、自分の手では満足に塗ることができないというコンプレックスと繫がっている。技術的な未熟さは、大地や、母性的なものを感じさせる。技術を極めた人が、そんな雰囲気を作為的に演出しようとしても、嘘はすぐ見破られるのだ。技術的なコンプレックスをリアルに抱えていたからこそ、古合鹿の写しは成し遂げられたに違いない。

こうして角偉三郎遺作展を見ていると、いろんなことを思い出してくる。

移ろいのなかで

金沢から輪島へと戻る車中で、僕は二十代の弟子たちに感想をたずねてみる。だが、誰の答えも、どこか曖昧なのだ。誰一人として、ド真ん中に「グッ」と来ていない感じ。二十数年という時間が何かを変えてしまったのだろうか。二十年前に、いやいまでも僕には、あれほど魅惑的に見えているものが、消えてしまったのだろうか。これが、時代が変わったということだろうか。すべては、相対性の大波にのみ込まれてしまうのだろうか。変わったとすれば、いったい何がどう変わったのか。

確かに一九九〇年代初頭を境目に世の中の空気感ががらりと変わったと思う。背景にはバブル経済の崩壊があったのかもしれない。八〇年代の器の世界は、重厚の時代だった。それまで力強く、重く、生命力の溢れるようなものがよしとされていたのが薄くて軽やかなものを美しいと感じる方向へ転ずる。図らずも僕が、薄い軽いぬりものを作り始めた頃よくたずねられた。「どうしてこんな薄いものを作るのですか？」と。僕は、いつも「作った人を見てください。存在が、こんなに薄くて軽いでしょ」と、笑って答えた。時代の空気といってもいい変化でも、表層的な流行とは違って、それはもっと根源的なところから沸き上がってくるものだった。存在感の希薄な人々が、自らの皮膚を傷つけて、生命の実感を探ろうとし始めたのではないか。八〇年代は、重厚＋テクスチャーの時代。九〇年代は、軽薄＋テクスチャーの時代。重厚から軽薄へと移り変わることを、衰えと見る人もいるだろう。一方で、そこに静かで落ち着いた安定と成熟が芽生えているのを感じる人もいる。そして二〇〇〇年代にはいると空気感がまた変わってくる。

潮目が変われば、ものの魅力そのものが失われるのだろうか。いやそうではない。普遍性が現れるときには、その時代のいちばん華やかなものと手を繋いでやってくる。その時代に、一番光り輝いているものの中には、必ずどこか普遍性を伴っている。時代の輝きを失うと、本物が目の前に現前していても、もう人の目には触れなくなってしまうのだ。でもそれは、いつまでもそこにある。時代にのみ込まれることなく、変わることなく、そこにあるけれど、見るものが、使うものがいなければ、忘れ去られてしまう。ただそれだけだ。いま僕のところへ、漆の道を求めて訪ねてくる若者たちに聞くと、その多くが角偉三郎の名さえ知らないのに驚く。もちろんそのような御仁にはその場でお引き取りいただくことになっている。

その日、能登へ帰る車窓から、たくさんの山吹の花を見た。にゅうと腕を伸ばしたような細枝に、濃黄色の花が斜面を埋め尽くすように咲いている。いつの間に咲いていたのだろう。この花、色は鮮やかなのに、その色ほどに香りがない。工房の中ばかりにいて、そのときまで花に気がつかなかったのは、この透明な香りのせいだ。

やがて夏が来ると〝クロメ〟と呼ばれる漆原料の精製が始まる。

森に還る

樹木考

木を植えるのが好きである。

僕の住む谷間の家は、もともと日当たりの良い畑だった場所で、敷地の周囲の樹木はさっぱりと切り倒され、草々が背丈ほどの高さで生い茂っていた。

今度は僕が雑草どもを刈り払って、借りてきたブルで整地し、小さな木造の家をぽつんと建てた。建築作業の傍らで、僕は家の周りに木を植え始めた。

「そんな近くに木を植えると、家が傷むぞ」という、大工さんの警告は聞こえないふりをした。建て始める前から、僕の頭の中には、森にすっぽりと覆われた小さな家のイメージがあった。ヘンゼルとグレーテルのお菓子の家みたい。だから木の無いところには木を植えなければならないのだ。

植えるといっても、植木屋さんから苗を買ってくるわけではない。スコップを肩に担いでその辺の山へ入り、日陰でよろよろしているようなのを掘って、引っこ抜いてくる。山の所有者は誰とも知れぬので、要はかっぱらいと同じこと。人目も、一応はばかる。葉の落ちた時節にする作業なので何の木かもよくわからない。空いているところにそいつを適当に植え付ける。山から頂いた生命は、それでも見事なもので、ほったらかしでもたいてい立派に育つ。いや土地にはもともと、生命を育むような何か、まさに地力があるようにも思える。移植は季節と月の運行さえ計って行えば、あとは地力を生かせるのだと学んだ。

この家を建ててもうすぐ二十年。僕の家族も家もまだしっかりと立っているが、周りの木々の勢いはすでにこのささやかな人工物を凌駕した。

視点を離してみると、僕の夢見たとおりに建物は緑のドームの中にすっぽりと納まって見える。よしよし。数十センチのひょろりんとした連中が、三年ほどで僕の背丈を超えていき、いまや大屋根も覆い尽くしている。
生長とともにその木が何ものであったのかも知れてきた。多いのはやはり楢で、欅、山栗、楓などとつづく。最も大きく生長したのは山桜。未だ正体の知れぬのもいる。何の計画も無かったが、いい加減にやっていたらこのあたりの雑木林の植生と親しいものに成っていた。その間ずっと彼らと共に暮らし、その旺盛な生命力、いや貪欲さと過剰さに何度も驚かされた。よく樹木の優しさ、柔らかさ、エコな感じを謳いあげる人がいるが、それは本当のことをよく知らないからではないか。植物にはそういう性質が確かにあるけれど、あるにしてもほんの一側面に過ぎない。

僕の家の周りの木々は、相当の「ワル」である。他人のことなど全くお構いなし。遠慮とか思いやりなどという人間的な情感は一切皆無。他者よりも少しでも多くの光を浴びることだけに専念し、丈を伸ばし枝を張る。熾烈な競争に敗れ、日陰で縮こまったように生長の止まったやつに「少し光をわけてあげましょう」なんて親切はなし。上に行けばさらに無数の葉を広げ、我が世の春を独り占めする。生存競争には過剰さがつきまとい、想像するに枝や葉の数など生存の必要数を遥かに超えて展開し、余れば無尽にふるい落とす。あえなく打ち負かされた木は枝を枯らし、幹を虫に食われ、ひっそりと倒木するのみ。勝者が敗者を気に留めることなどあり得ない。そのあまりの傍若無人振りには恐ろしささえ感じる。鑑みるに感情を一切持たぬこの貪欲と過剰こそが生命の本質ではないか。であれば、国家の覇権、資本主義や市場経済なるものも自然生命の摂理に適ったものと言えるのではないか。

この家には雨樋というものがない。雨樋というものは、どう取り付けても美的な感じがしないもので、最初からあきらめていたのだ。それにもし雨樋などあったなら、そこに詰まった枯れ葉などの除去に大変な労力を要することになっただろう。

はてさて大工さんの予言どおり、家に近すぎる樹木は木陰とともに湿気を呼び込み、建物の傷みを早くするようだ。日の当たらない外壁の下目板などいつも水気を含んで腐り始めている。めくってみるとはや無数の羽蟻が。まあ、それも好し。窓を開けていると、家の中にまで枯れ葉が降り積もる。それも好し。風が強く吹くと木の枝がぶつかり、我が身までもざわざわとさせてくれる。それも好し。

そもそもこの家は何世代にもわたり住み継がれることを想定して建てたものではない。せいぜい僕の命のある限り。もとより勝手気ままなものなので、子どもたちがここを受け継ぐ必要もこともないだろう。そうしてまた僕は夢想する。僕の手で植え付けた木々が一人前の森となり、その森にこの家がのみ込まれ、消えていく姿を。住む人がいなくなれば、彼らはすぐに領土の拡大をはじめ、何のお構いも無しに屋内に進入。すべてはあっという間に朽ち果てて土に還るだろう。僕はそれを望んでいる。いま僕にできるのは、跡形など何も残らぬよう、自然に還らないものをここに置いておかないことだけだろう。

いま僕は、家の前の小川に向かうように取り付けたデッキの上でこの文章を書いている。見上げると、山桜の枝葉が天蓋のようだ。小さな桜桃が無数について、四十雀《しじゅうから》、黄鶺鴒《きせきれい》、山雀《やまがら》などが摂食に忙しく舞うように飛び交っている。目を閉じて川のせせらぎと野鳥のささやきを聴いていると、いまいるこの場所がこの世のものではないのではないかという気さえしてくる。この家が森に侵され、消滅していくというイメージに浸りながら、湧き上がってくるこの愉悦はいったいなんだろう。

貪欲と過剰と、あえて加えるならば無慈悲が生命の摂理だとすると、衰えたものが盛者にのみ込まれて滅するのも理。命あるもの、形あるもの、すべてがこの運命から逃れることはできない。我が身もまさにこの循環の中にあることを恐れ戦きながら同時に悦ぶこと。それがものを作ることの底に必ず横たわっている。

石ころ考

デッキの上には僕が海岸や河原から拾ってきた石ころたちが、今もごろごろしている。抗うことのできない力に押し流され、摩耗して細部を失い、流線にまとめられた石すべてが皆美しいのは、それらがまさに摩滅の途上にあることを示しているからだ。

「終末はもとより間近にあって、しかもいつも猶予されている。（中略）摩滅した事物がわたしに告げるのは、そうした真理だ。昨晩落雷を受けたあの樹木のように、儂はゆっくりと朽ちてゆくのだ。スウィフトは従者の白痴にそう語った。緩やかな衰亡の途上にあることの悦び。あるいは、形態の記憶を徐々に忘れ去ってゆくことの悦び。」（四方田犬彦『摩滅の賦』）

この本は、摩滅して消えゆくものを慈しみながら巡っていく謎のエッセイ、何処を読み直してみても実に味わい深い。書中、水に揉まれて消えゆく細石が挿話として登場するたび、僕は手元の石ころを撫で回し愉しんだ。摩滅するものを慈しみながら、自分自身の明白な運命を受け入れるのだ。意識しようがしまいが、掌中の石ころに対する感応の背景にはこの真理がある。

摩滅は他者との接触によって引き起こされる。石ころの形はすべて外部から加えられた力によって形成される。石に与えられる力は、すべて偶然でしかない。水流が、巌《いわお》を選択しているわけではないし、石ころが水の中を計画的に転がりまわっているわけでもない。現れた形は似ているようで、一つ一つが揺らぎを持って、同じものはない。いや違うな。一個の石ころが仕上がるには、自然法則がただ働いているだけなので、すべて必然なのか。水は高いところから低いところへ流れ、砕かれた巌は水底を転がり角が取れ丸くなる。水の流れるところにたまたま巌があったのではなく、これも自然法則によって形成された地形によって、必然的にそこにあったのか。うーん、この石ころに与えられた形は、偶然なのか必然なのかもよくわからないな。石ころ相手に、ぐるぐると想いは転がっていく。ただ、石ころは自身に与えられた運命、摩滅して消えていくという確かな必然を、この形に現していることだけは確かである。その途上に現れた形はこの瞬間でしかない。つまり、この石ころと僕が出会ったまさにその瞬間に偶然この形だったということだ。偶然とは瞬間の出会いをいうのであって、偶然と偶然をいくつも積み重ねていくと必然になるのか。いや、必然の中に偶然が折りたたまれているのか。一個の石ころの形には偶然と必然という対立する事柄が同時に現れている。

自然の中で、偶然と必然が睦み合っているのだとしたら、偶然にも必然にも対立しているのが、計画、意図、目的に沿って形成される人工物ではないか。僕の手の中から作り出される器も、外から与えられた力、つまり人の手、押しつけられた箆《へら》や刃物などによって形作られる。だが外部から与えられる力の有り様は、石ころと器では大きく違っている。器に与えられる力には、意図と計画がある。機能のある形を作り出すという合目的性がある。いま現れたる器の形は偶然ではない。自然法則に従った必然でもない。そんな当たり前のことにふと気がついた。石ころの形には、そもそも何の目的もないのだ。

ひょっとしたら器を作ることは、機能ある形を作るという合目的性の中に偶然を現すこと、偶然を折りたたむことなのではないか。

根来考

二〇〇九年の秋、東京の大倉集古館で催された根来《ねごろ》展を観た。

あえて解説する必要もないだろうが、根来塗という技法がもともとあったわけではない。当初は均一にきれいに塗り上げられていた漆の器が、何十年、何百年と使いつづけられることによって、摩耗、摩滅し、いわばボロボロになった姿のことを根来と称している。

朱色は、古代より高貴で高価なものだったので、漆器のほんの表面にしか塗られていない。長年の使用で人の手に触れられた部分、上に食物や他の器が載せられ傷ついた部分では、表面の朱が磨り減り、下塗りの黒漆が露出する。素地の木材は、いい感じに捻れや狂いを生み出し、下地もひび割れ、剝落し、襤褸《ぼろ》の魅力に拍車をかける。

そういう姿になることを目的としたわけではないという意味で、つまり器物に偶然与えられた外力によって朽ちていく途上の器が数多ある中、たまたまいい味わいになったものが意図的に取捨され、ここに並んでいるわけだ。

「根来」という名称は、江戸時代に茶人の間で好まれ使われだしたのではないかと聞いている。以前「侘び」とは、ものが形を失い、崩壊し、消え失せて逝く先の世界、眼に見えない場所、ものがものとして成り立っている場所ではない世界を見据えた美意識ではないかということを書いたことがある(『美しいこと』)。根来を愛でる行為もまさに、必然の滅びを見据えながら、「いま」という希有なる偶然を生き抜くことを表している。

展覧会を眺めていると、中には「根来風」のものが紛れ込んでいることに気づく。継続的な偶然による経年変化ではなく、おそらく修理などの過程で手を加えられ、根来の味わいを強調するような加工がなされたのだろう。やはり、そこにはほんの微かな違和感がある。が、この違和感こそ、いままで自分自身が作り出してきたものに抱かざるをえない、ある感情と強く結びついている。

これまで僕が語りつづけてきたテクスチャー、器の表面に刻みつけられた質感も終末を予覚させるものだ。テクスチャーを器の味わいとして、意図的に作り出す行為に、僕はいつの間にか後ろめたさを感じるようになっていた。どこか「くさい」感じが否めないのだ。これほどまでに、テクスチャーについて語りながら、僕は自ら製作する器からテクスチャーを消し去っていく方向にあるがまま向かっていった。

「それまで唐物が中心だったお茶の世界に、利休さんが現れて、漆塗りの茶入を茶室にポンと置いた瞬間、日本の茶が始まったのではないでしょうか」

銀座で開いた展覧会初日のトークショウで、千宗屋《そうおく》さんが放ったひとことを思い出した。侘び茶の空間に、一滴の露のような漆黒の棗《なつめ》。うるわしく、瑞々しい光を閑《しず》かに放つ、その小さな塊。そこに利休さんが、込めようとした意味は何だったのかを以来考えつづけている。

布の縦糸と横糸の折り重なった質感がテクスチャーという言葉の語源にあった。異なる素材が混ざり合い、結びつき、一度極まった後に再びほつれ、崩れていく過程を視覚化することによって、時間が現れてくる。露出した地層は、いや人工的に露出させた地層は、過去とともに猶予されたままの未来についても語りはじめる。向かう先には確実に滅びがある。だが、その真逆もありえるのではないか。わかりにくいかもしれないけれど、滅び、すなわち「死」のなかに埋め込まれ、充溢する力。何かが生まれ、何かが始まろうとする、一切何も無い場所。生い茂り、勢力を誇示する大樹の根元で芽生えたばかりの小さきものの先端のか弱さの中に強さを湛えたような。もっとも儚き水の雫に秘められた生命力。摩滅へと一筋に向かうテクスチャーとベクトルの方向が逆のテクスチャー。

絵画の世界で、テクスチャーと同じく質感、素材感という意味で使われている言葉に「マチエール」がある。僕はあえて、滅びへと向かう質感＝「テクスチャー」に対して、無から何かが生まれてくるような質感を「マチエール」とここで呼んでみることにした。マチエールには、何となくだけれど、素材の奥行きといった感覚があるように思われるから。

といっても、テクスチャーのあるものを作ることをやめてしまったわけではない。矛盾する二つのもの、いやそれ以上のものが自分の中に多義的にあることを望んでいる。対立するものが統一されることも否定されることもなくそのまま僕の中にあればいい。テクスチャーとマチエールが同時にあることによって、器は還っていく場所を獲得し、新たな循環が生まれるのではないだろうか。

二十一世紀のマチエール

二〇一〇年の春、輪島で修業を終えた若い人の初個展を東京で観た。作り手にとって、最初の展覧会というのは、もちろんたった一回しかないが、その緊張と一途と新鮮はいつも好ましい。この何年か、新しい人の器を眼にする度にテクスチャーが消えていく感じがある。

一九八〇年代の力強さ+テクスチャーから、九〇年代の希薄さ+テクスチャーへ、時代のにおいは移ろい、二十一世紀に入るとさらに空気感は変化した。テクスチャーは異なる素材を混ぜ合わせることにより、時間を生み出し、マチエールは純粋さを極めることで永遠を創り出す。そこにあるのは、作り手が向き合う素材の純粋さへの探求。漆という自然の純度をギリギリまで磨き上げ、その奥行きを探ること。すべての自然は、多様性を持ち、たとえば漆という素材の中にも凶暴さ醜さ恐ろしさいやらしさが含まれているが、その大きな渦の中から自らにとって心地よいものを牽引すること。樹木という傍若無人からさえ、人は安らぎを引き出すように。

新しい人の探求はまだ始まったばかりだけれど、もうそこには僕の知らないベクトルがきっと働いていて、いろいろなことを教えてくれるだろう。そしてテクスチャー、マチエールという表面感から入り、展覧会場で僕は形を観なければならない。古典を下敷きにした器形には余計なものが付け加えられることもなく、素直さを表していて、とても好ましいものだった。もちろん作者から意見など求められないし、僕の方から出しゃばって感想など述べることもないけれど、もし問われればこう答えただろう。

「たぶん、美しい形は人が頭で考えて作り出すことなんてできないんじゃないかな」と。

塗師は、器形の基礎となる素地を自分の手で作り出すことができない。自分で設計した形を木地師の手にゆだねるしかない。その際、自分の中で完璧な形を決めてしまうと、うまくはいかない。木地師の傍らにいて、コミュニケーションをとりながら見本を作っていくときに、自分がこうだと思う形に執着すればするほど、訳のわからないものになって混乱していく。迷いが形になる。もちろん図面で断面図などを書いて渡しても全くの無駄である。そのとおりの形がもしできたとしても、おそらく自己満足のレベルだろう。

木地師が、材料に刃物をあてていく。刻一刻と輪郭線は変化し、ほんの一筋で形は全く違ったものになる。やりとりの、長い時間の経過の中で、ほんの一瞬、美しい線が、美しい形が現れることがある。それは作る人の意図や目的とは何の関係もなく、唐突に、そして偶然に訪れる。ただ、作る人にできるのは、その瞬間を逃さないよう、心を更地にして待つことだけだろう。

美しい形は、偶然にしか現れず、人はそれと出会うのをただ待っていることしかできないのだ。


今世紀初頭の早春、能登半島西端の海岸近くにあった角偉三郎さんの工房で、僕は作り始めたばかりの器を観ていただいた。そのとき角さんのつぶやくような言葉を、ふと思い出した。

「何や、機械で作ったような格好やな」

そう、角さんが伝えようとしていたのは、このことだったんじゃないか。

生活工芸のまわり

山海に遊ぶ

二〇一〇年の八月上旬、突然逮捕された。漁業法違反、密漁容疑。

海からあがる前、海岸沿いの道筋に怪しい車と人影が見えて（本当に怪しいのは僕の方だが）、ただならぬ気配を感じ、獲物を岩場の陰に隠しておいた。地元漁協の漁業監視員の通報で駆けつけてきた人の良さそうな駐在さんには、ただの海水浴だと言い張って、それで済みそうだったのに、遅れてやってきた眼の鋭い若い刑事さん二人と鑑識のおじさんに現場を捜索されて、まんまと秘匿物を発見され、ご用とあいなった。トホホである。

その場で、刑事さんが獲物のサザエを五列縦隊で並べ始める。それを指さして、顔をこちらに向けろと命令され、まずは記念撮影、いや証拠写真か。つづいてアワビでパシャリ。イソガネ（アワビおこし）、玉網などの道具類でもパシャリ。さすがに、ニッコリというわけにはいかないが、できるだけ平静な顔を心がける。それでも今回は初犯というか、実際に捕まったのは初めてなので、厳重注意の上、書式に従って始末書を一通仕上げての無罪放免となった。

獲物を売買するプロまがいの密漁者と違って、夏の間に何度か、家族や友人と海に遊び、わずかな糧を慈しみ、せいぜい親しいものを我が家に招いて酒の肴にする程度のことを、ここまで取り締まる必要があるのか。昔っから浜行きは、海の近くに住む庶民のささやかな愉しみだったではないか。などとぼやいてみても仕方なかろう。違法は違法なのだ。漁獲減少の最大要因は環境問題に違いない。波打際をコンクリートで塗り固め、ありとあらゆる廃棄物を海岸線に放置し、豊かな海を育てるはずの山林の荒廃には目もくれず、我ら生活狩猟者の行動に目くじらを立てるのもいかがなものかとも思うけれど、おそらく漁業者の苦境も極まりつつあるのだ。つまらん世の中になったものだ。せめて河川の鮎漁のように、入漁料を課して漁業権の一部を地域住民に分配し、適切な漁法の管理をするとか、遊漁を観光資源として活用するとか、まだまだ工夫の余地があるのではないか。

以上はもちろん、今回の話の本筋ではない。かくして我が身体から海を奪われた僕は、せんないひと夏を過ごすこととなった。それで改めて気づいたのだ。海や山で遊ぶことが僕にとって、僕がものを作ることにおいて、いかに重要であるかということに。

この秋、日本全国津々浦々、山野のキノコは大豊作であった。夏の無為を挽回すべく、僕は命の炎を激しく燃やして森林を駆け回ることとなる。

十月の上旬、毎年ほぼ同じ日、同じ場所に出現する宝物のようなキノコが能登にはある。地元では「コノミタケ」と呼ぶホウキタケの一種で、能登独特の遺伝子をもっているらしい。その日付と場所の情報は、家族の間でさえ共有されることはない。密かに想いを巡らせて、夜明けとともにそっと床を抜け出し、一直線に山中を突き進む。フェアリーリングという言葉をご存じだろうか。菌類は地下で放射状にその菌糸を成長させていく。キノコはその先端部分に咲く、一種の花なのだ。条件さえ整えば、直径数メートルから数十メートルのリング状に群生したキノコを観察することができる。能登でいう「ヌノビキ」とはサクラシメジのことだが、これも見事な菌輪を作る。

今年はことさら素晴らしく、山頂から山裾まで淡桃色上等の絹織物をサラサラッとどこまでも転がして広げたように、列を成す妖精たちの静かなダンスがつづいていた。しばしみとれる。ヌノビキですでにいっぱいのカゴを背負いながら、もうひと尾根、ふた尾根と越えて谷を渡り、目的の地へ到達。コノミタケは純白の大きな株に成長するので、場所さえ知っていれば発見は容易だ。初陣に、降り積もった落ち葉の下に小さな株の先端部をみとめて、菌輪の出現にはもう二、三日は待たねばならないことを悟って、さらに山の奥へ

と一人足を踏み入れる。

ふと、遠くの木立にざわめきが起こり、歩みを止めてしばらく待つと風がやってくる。吹き抜けていく大気を全身で受け取りながら、梢の遥か彼方を見上げると、再び甦ってくるあの懐かしい感覚。僕は言葉にすることのできない、でも僕の身体がすでに知っている「あのこと」についてこれから語らなければならない。

わたしの無い世界

それには海の中での経験のほうがよりリアルに伝わるだろう。

素潜りでアワビを捕るためには、息を殺して薄暗い海の底まで降りていかなければならない。昼間のアワビは海底に横たわる玉石の裏側でひっそりとしている。獲物は、自分の欲望と身体の物理的限界の接点にいつもいる。その境界を越えるかどうかギリギリのところで、腕先だけを向こう側の世界に越境させる。その一線を、いや薄膜を越えてしまえばすぐさま我が肉体は滅びへとむかう。ちょっとした判断ミスで生死はすぐさま逆転する。人を襲う生物は、日本近海ではまれだが、その可能性も皆無ではない。自分の欲望の対象である獲物と、これからその生命を奪おうとする主体である僕と、その立場はいつでも容易に逆転する。生死の入れ替わり、主客の逆転が常にここにあるのだ。そこにはわたしというものなどすでにいない。そのことを身に染みるように身体が覚え込んだときこそ、僕は自由だ。クラゲのように、僕は海中を漂いながら、海と一つになる。

ちょうど、暮れの展覧会の案内状にコメントを入れて欲しいと頼まれ、次の一文を送った。

「自然と交わることによって、うつわをつくることができる。

うつわをつかうことによって、ひとは自然と交わることができる。
自然とはわたしの無い世界、あるがままの場所である。」

狩猟採集文化が一万年以上つづいた縄文期、もちろん想像でしかないけれど、縄文を支えていたのはこの感覚ではなかったろうか。それは石器や土器など縄文の遺物を観ればすぐに解る。その造形には、僕が深い森の中で、光の届かない海の底で出会う境界の薄い膜がそのまま現われているからだ。ゆえに僕もついつい縄文を蒐集してしまうのだが、巨大な石棒などを抱きしめて、「おー」と、いまも時空を超えた場所に出会っていることをすぐに実感できる。その感覚は世界にまだ名前が与えられていなかった時代のものだ。すべてのものに名前が与えられた世界を一度生きてしまった僕が、そのままそこに還るのは不可能に違いない。わたしという存在自体も、いつのまにか名前が与えられ、意味が定められ、変わらないもの、持続するものになってしまった。だが、森の中では、海の中では、僕は自然と交わりながらただ流れつづけ、変化しつづけていけるのだ。

与えられた名前

十月中旬、僕が野人のようになって山野を駆け回っているころ、金沢の21世紀美術館で興味深い展覧会が開かれた。与えられた名は「生活工芸」。

僕が、名前はまだないなどと言って（本書のタイトルのこと）のんびりしている間に、いつのまにか「生活工芸」という名前が一人歩きを始めていた。何年か前、木工の三谷龍二さん、やきものの安藤雅信さん、内田鋼一さんと四人で「生活工芸」というタイトルで雑誌を作らないかという話し合いを何度かもったことがある。でもそのまま盛り上がることもなく、話は立ち消えとなった。今では、それでよかったのだと思う。そのとき僕たちがそれぞれ考えていたことと、金沢の「生活工芸」と、僕がこの本を通して考えようとしていることが、薄く、広く、重なっているような気がする。それはもう、僕たちが実際に暮らしているこの世界に確かに存在はしている。けれど、未だ言語化されていない水天彷彿とした何かだ。混乱したまま、新たな言葉が生まれつつあるので、そろそろ僕なりに少し整理をしておく必要があるようだ。

　すでに始まっている事実とは、おおよそ次のようなことだろう。

「僕たちの日常の暮らしのなかで生きられるものを手で作る人たちがたくさん現れている」こと。と言ってしまうと、「何を今更そんなこと。そんなのはこれまでもずっとあっただろう」と仰有る人が必ずいる。確かに表面的にはその通りだが、僕はそのありようが以前とおおきく異なっていると考える。その違いを明らかにするには、「民藝」と比べてみるのが解りやすい。

　民藝には中心があるが、そいつには中心がない。そこが一番肝心。民藝の中心には柳宗悦《むねよし》がいる。柳さん個人の「好み」を、一般化し、さらに普遍化して広めようというのが民藝運動だろう。それが「いけない」と批判しているわけではない。ただ現在のもの作りは、ちょっと「違ってる」とだけ先ず言っておきたい。

　機械や動力が発明され、工業が興ると、それまで自然や土地と結びついて、人が手で作っていたものを工場で機械が作るようになった。それは誰でも知っていて、工業化、産業化と言われる。人が手で作っていたものの中で、いち早くというか、やすやすと機械生産に取って代わられたのは日用雑貨品、つまり暮らしのなかで使われる道具類だった。日常食器、普段着、一般住宅など。産業化された世界でも、ハレのもの、趣味性の強いものは、比較的機械化されず手作りのまま残ることができた。改めて僕たちの日常身の回りの道具類を点検してみると、機械により大量生産されたものばかりに取り囲まれていることに気がつくはず。そんな世界に、ただ僕は満足ができないのだ。

民藝とは、前近代から近代への過程で、消えていく運命にあった手で作られた生活道具を美しいものとして再発見する思想だった。

柳さんの生きておられた時代には、まだ地方へ出かければ、土地に根ざし、自然と共生する生活ともの作りが残っていたに違いない。僕もその現場にいたならば、失われていくものを残したいと強く願うだろう。しかし、すでに産業は世界の隅々まで土着的なものを破壊し尽くしてしまった。土地に根ざしている人も、自然と共生している人も、物語の中で出会うことができても、本当は何処にもいない。自然の中で必要なものを必要に応じてただ作っている人間と、自然を原材料として加工し工場で製品を作っている人間とでは、外見は似ているようで、その実全く違うのではないか。自然と共生し、主客はいつでも入れ替わるようなひとには工業は興せない。自然を外部にある対象と考え、それを支配する主体として肉体のない理性的自我を立ち上げなければならない。そういうわたしがすでにわたしであることに、僕は耐えられない。

だが、僕はそういうわたしであることをもうやめることができない。柳さんの言うところの無名性も、無心さも、すでに失われたものへのノスタルジーに過ぎない。産業化されてしまった世界では、無名性も無心も、実際には工場で労働する工員さんたちに押し付けられている。柳さん自身も、すでに理性的自我の人なので、急速に工業化していく世界に対立するためには、強力な中心を作り上げる必要があったのだろう。それが郷愁的で力強い柳好みではないか。

パラレルなもの作り

僕がうっすらと、考えてきた理想は少し違う。大量生産、大量消費という大きな流れは変わることがないだろう。そこには無名の作業員が無心で作った退屈な生活道具があふれている。だが、そんな世界でもよい

ものを選ぶことはできる。

たとえばワイン。良い、いや自分の気に入ったワインを追求していけば、フランスという国の、どの地域の、あの村の、ある年に、この畑で作った葡萄、それに手を加えたあの造り手に、と必ず個人に辿り着く。着物でも、漆器でも、万年筆でもいい、趣味性の強いものにはまだそんな世界が残されていた。その裾野が近年どんどん広がりつつある。かつてハレのものにしか保存されていなかった、手でものを作ること、自然の素材を加工することが、一度奪われてしまった、消えてしまった、日常の世界で恢復してきたのだ。それを担っているのは、二十代、三十代の若い人たちだ。器だけではない、箒を作る人、室内履きを作る人、鞄や靴を作る人、手ぬぐいやヨダレかけを作る人、雑巾やタワシを作る人、一昔前職人たちが担っていたありとあらゆる生活道具が個人の手の中に甦っている。

使う人は、たくさんの作り手が作るものの中から、自分のいちばんのお気に入りはこの人のだと選ぶことができるようになった。大量生産された生活道具と並列に、まず自分の気になるものから、自分と波長のあう一番の作り手を選ぶことができる。そこには中心はない。決まり切った価値観や、序列もない。すべてはパラレルに存在している。工業製品も、民藝も、民藝風のものもその選択肢の一つになった。柳さんの好みが好みではない人には、民藝は不要のものだし、好みの人には大切なもの。ちなみに僕にとって柳さんの好みは？　と問われれば、僕は結構好みです。

そういう新しい世代のもの作りのことをなんて呼べばいいのかわからない。名前はまだ無い。さてこの新しい世代の自我のあり方とはいかなるものか。前近代のアニミズム的な自我とも、一神教的な中心と階層的秩序のある近代の理性的自我とも違う何か。もう始まっていて、輪郭が見え始めているけれど、それを言語化するのは地方の一漆職人の仕事ではないだろう。

もう一つの中心

つづいて「芸術」と呼ばれているものと、まだ名前のないものを比べることも、その輪郭を求める彷徨い人の指針となろう。

芸術の一番狭い定義は、歴史だと言ってもよい。つまり新しい技術、新しい表現、新しい様式、新しい考えを、新しい歴史として重ねたものだけが芸術。それ以外のすべての表現行為には、意味がないと考える。反転して、芸術を一番広く解釈すると、絵画や彫刻など使うことのできないもの、流行の音曲や、被服、器、家具、建物など使うもの、人が作り出し、人に悦びと幸福を与えるすべてのものということになり、一般的にはカタカナでアートと呼ばれることが多い。

芸術を狭く捉えようが、広く解釈しようが、その根底にあるのは芸術作品を生み出す天才的な個人、もしくはうっすらとでも特殊能力を担ったアーティスト。芸術作品のオリジナリティつまり起源は、それを作り出した芸術家の精神にあるという考え方だ。美術教育の現場では、未だに他者と違った個人であることとか、個性的な自己をいかに表現するかが教えられているようだ。近代以降、芸術は工業と対極を成すもう一つの中心と考えられてきた。これから先も、芸術は工業とともに人がものを作る世界の中でつづいていくだろう。でももう芸術でさえも中心ではなくなった。

僕が語ろうとしているもの作り、いや僕自身のもの作りは、無名の工人として無心で作ることではありえない。すでに「個人の見えるもの」なのだ。ありありと意志のあるものなのだ。また、その個人の見え方は、芸術的な自己表現とも異なっている。個性を際立たせること、人間的精神を発揮することを、少しも目的としていない。これまで何度も語ってきたが、僕の作ったもののオリジナリティは作り手である僕にはない。器の形も色もその起源はすべて、連綿とつづく過去の人間の暮らしとその営みの中にある。作り手が僕である必要すらない。僕が作らなければ、他の誰かが代わって作ることができる。そうして器はつづいていくのだ。僕が作り上げた器たちは、どこかの誰かの暮らしのなかで使い込まれ、摩滅して消えていくものであって、それ以上の何ものでもない。僕は、作るということがすでに埋め込まれてしまっている僕自身の暮らしをただ全うするだけなのだ。それで満足している。産地の職人の手による、普通のいいものを作りたいと思う。できるだけ個性的なものを表現しないよう、自らの気配を消すことを心がけているが、それでもにじみ出てくる「作った僕」は、自然の揺らぎのようなものになる。使ってくれる人は、おそらく僕の名前を頼りに僕の作ったものを見つけてくれるだろう。そして、おそらく使うことによって悦びや幸福を感じてくれるだろう。でもそれは僕の力でも、精神力のせいでもなく、漆という自然がただそのままで美しく、いいものであるからに過ぎない。伝承された技術を使って、丁寧に塗られ、しっかりと仕上げられていさえすれば、そのままでいいものになる。日常品とはそういうものだろう。

もちろん、そういうしたたかなもの作り（あえて自分で言いますが）は、僕自身の志に過ぎない。自己表現を極めた芸術作品にも、古物にも、民藝にも、工業製品の中にも、僕を愉しませてくれるよいものがたくさんあって、選択の余地があることを忘れてはならない。金沢の生活工芸展は、まさにその現実をありのまま表現したものになったと思う。

でも、そこで確認しておかなければならないのは、作る人としての自分の立ち位置のことだ。そんなことを考える必要もなく、もの作りをつづける人もたくさんいる。でも僕は、歴史の中で、自分がどのような位置にいるのか、同時代のもの作りの中で、自分がしていることは何なのかを、見極めなければ進めない。これから器に、新しい形と色、新しい機能や技術、表現を付け加えることはないだろうが、僕にただ一つできることは、器を深いものにすることだ。深さは、器の歴史の中にあり、自分の立ち位置を知ることの内にある。それを僕という理性的自我の自己表現として、ここに記す。

茶と漆

言葉のない対話

十八の春からお茶を習い始めた。田舎から東京に出て、大学に通い始める前からそうしようと決めていた。どうしてお茶だったのか、考えてもよくわからない。

ついこのあいだ、ある若い杜氏《とうじ》さんに、たずねてみた。

「どうしてお酒を造ろうと思ったの」

「中学生の時には、もうそう思ってました」

「そのときには酒を飲んだことがあったの」

「あるわけ無いじゃないですか。理由がわからん方がええ、ちゅうか、その方が結局つづくと思いませんか」

なるほど。頭で考えて理由など見つけるよりも先に、身体のどこか深いところで、何かと何かが繋っていて、本当に大切なもの、必要なものは、すでに知っていたというわけだ。

僕が漆の仕事を始めたばかりの頃、いや今でも、「どうして漆だったんですか」と、何度も人からたずねられた。もちろん適宜お返事はするものの、自分でどう考えても理由らしい理由は見つからない。ただ、「僕の前に漆があったから」としか言いようがない。だからこの仕事をつづけていけるのだろう。でも、一つだけはっきりと言うことができる。十八で出会った「茶の湯」と、二十六で出会った「漆で器をつくる」ということは繋がっている。「二つの何が繋がっているのか」ということならばここで説明できる。

お茶を習い始めてすぐに、僕はすっかりシビれっぱなしになった。足が痺れるのではない。これでもかつて柔道部員だったので、正座には慣れていた。シビれているのは、こころの方だ。初めてお茶を教えてくれた先生は、素敵な女性だったが、もうこの世にはいない。十八歳の目には、かなりのおばあちゃんに見えたが、今から考えるとそれほどの年でもなかったのかもしれない。とにかく、その立居振舞、姿が、美しい。その美しさが、どこからやってくるのかなど考えることもなく、僕はお茶に夢中になった。先生への尊敬が、稽古の後押しをずいぶんしてくれた。人から何かを教わるということはおそらくこういうことだろう。それまで学校などで教えられてきたのと全く違う、なんだか全人格的な教えられ方なのだ。そこには言葉は必要なかった。ただ静かな佇まいでもって、先生が僕の傍らで微笑んでおられる。それだけでよかった。

ある日の稽古で、僕は不思議な体験をした。卑近なたとえで大変申し訳ないが、血気盛んな青年は、悲喜交々の恋愛に明け暮れる日々。その仔細に及ばずとも、恋愛中には楽しげなお茶が点つ。失恋の果てにはいきなり「どよぉぉん」とした茶になってしまう。先生は、相も変わらず席にお座りのまんま微笑んでおられるが、その瞳が、僕のお茶にシンクロして、楽しげであったり、悲しげであったりする。いやいや僕の思い過ごしなのか。そうではない、確かな実感として何かが僕と先生の間で伝わっているのがわかる。言語を介さなくても、僕の考えていること、感情、さらにその裏側にあるものまで、「ずっぱぁぁん」とそのまま向こう側に行ってしまう。

ものすごく気持ちがよい。同時に、同じくらい怖い。お点前は、決まり切った型どおりのものだ。何も足すこともなく、何も引くこともない。にもかかわらず、どうしてそのようなコミュニケーションが可能となるのか。

こんなこともあった。ある日京都から偉い先生が来られてお稽古をみてくれることになった。何が偉い人なのかはよくわからないが、矍鑠《かくしゃく》とした老齢のご婦人だった。僕はその人の目前で、すっかり緊張して、縮こまったお点前をさらけだし、自分の小ささを知った。

美しい点前というのがある。いったい何が美しいのか、どうすれば美しくなるのか、さっぱり説明することができないが、確かに美しいということだけはわかる。全体の流れや緩急、指先、つま先、背中といった細部末端への配慮や、視線、呼吸など要所、要素をいくら統合しても読み解くことのできない、全体的な何か。

気持ちの入った点前というのがある。身体のどこかに力を入れたり、思念に集中したり、こころを虚にしたりして実現できるものではない。なのになぜか、気持ちが入っているとわかる。それも何となくわかるのではない。ありありと、その人の持つもの全てが具体的に伝わってくる、いや、伝わってしまう。どの様にして、あれは伝わっているのだろうか、考えてもなかなか答えは出ない。

お茶の作法というと、一見、形式的で堅苦しいと思われがちだ。そのとおりで、それでいい。伝統というのは、そういうもの。型をなぞる。思考を停止して、どこまでもなぞる。自分の身体を精一杯使って、ひたすらなぞる。同じことをしていても、上手や下手がある。似ている動作で、美しさも現れるし醜さも現れる。それを一念繰り返すことが鍛錬となり、その果てに爆発的な自由とエクスタシーがある。そこに到達することができるのは、特別な能力を持った人だけではない、修行さえ積めば誰にでも可能なこと。

お茶の点前は、初心には複雑で難解、覚えるだけでも大変と見受けられるが、その底流にある動作はいたってシンプルなものだ。常に新鮮な構えで、底にある動きを繰り返させるために、真・行・草と階層化された点前が構築されているように思われる。稽古で同じ動作を繰り返しているうち、身体が流れをつかんで勝手に動くようになってくるのは、誰にでもできる体験。その先に、言語を超えた、分節化される以前の世界をそのままダイレクトに体験させてくれるような、つまり世界が対象ではなく、世界とすでに交わっているというか、一つになっているというか、そんなステージが待っている。

もちろん、それは日常のことではない。日々そんなことをやっていたら疲れてしまう。お茶は、茶室とい

う日常から切り離された空間で、亭主と正客が構えて行うもの。もしくは、茶事をめざしてひたすらの稽古。日常の空間に茶道具を持ち出し、茶を点てて、ほっと一息つこうなんて僕はこのごろ思わなくなった。

妄想の暴走

型を身体に摺り込んだうえで行われる、おそらく言語脳を介さない他者とのコミュニケーション、世界との全一的な接触、それを基盤に持つことこそが、茶道をはじめ、武道、華道、香道などなど、「道」と名付けられた芸道の本質ではないだろうか。

仏教の読経や参禅も同じ場所をめざしているのではないかと、僕は体験的に感じている。

以下は、無明ゆえの勝手な解釈かもしれないので聞き流して欲しいのだけれど。坐禅というのは、瞑想して心を無にすることかと最初思い違いしていた。実は、全くその逆なのではないか。日常から切り離された空間にただ坐っただけで、無心に到達などできるはずもない。只管打坐《しかんたざ》しても、次から次へと妄想が湧いて途切れることはない。無の境地、ちょっとずれているかもしれないが言語を介さない世界認識とは、その真逆の妄想の果てにあるのではないかと思う。

人間の脳の機能がどの様に働いているのか、僕に正確な知識はないけれど、体験的に次のように考えている。脳には、意識していろいろ頭の中で考えたり判断したりする部分、光や音や外から入ってきた刺激を受容する部分、歩いたり座ったり動き回ったりして筋肉を動かすために活動する部分がある。もう一方で意識することなく勝手に働いている部分、つまり無意識があるらしい。

型に倣った肉体の動作を繰り返すことによって、それが常態化すれば、筋肉の動きを意識的に管理している脳のある部分を休ませることができるんじゃないか。つまり身体の動きを無意識の方へ持っていける。茶室でも、瞑想空間でも、外部からの感覚的な刺激は最小限に抑えられる。すると意識的に活動している脳の部位はたぶん暇になってしまうのでは。その結果どうなるか。妄想がビッグバンを起こす。

僕は、日々瞑想に努めているわけではない。その代わりに毎日毎日お椀を塗りつづけてきた。漆を塗る作業自体は、そんなに難しいことではない。緻密だが単純な作業の繰り返しとなる。いちど身体が覚えてしまえば、あとは頭を使う必要がない。それは僕の仕事が、数ものをこなす仕事だから。同じ形で同じ塗り方の椀を何百、何千、何万個と塗りつづける。

僕が独立をして自分の家に座って仕事するようになったのは三十二歳の時。そのとき僕は、とにかく数をこなしてやろうと決意した。同じ椀をどこまでもどこまでも塗りつづけるのだ。以前にも同じ事を書いたが、朝、目が覚めるとすぐに塗り始める。寝食を忘れ、疲れ果て、気絶するように眠るまでそれはつづく。身体は動きつづけているが、頭の中はすっかり暇になり、ありとあらゆる妄想でいっぱいになる。実はこの文章も含めて、僕の書くものはすべてその妄想の中から生まれてくる。頭の中で、いろんな事を考えて考えて、考え尽くして、やがてそれに飽きてくると記憶がなくなってくる。それでも日々朝から晩まで同じ作業をつづけていると、一日分の記憶がすこんと消えてなくなる。一週間くらいがワープしたように過ぎてしまう。それでもそれでも塗りつづける。するとどうなるのか。気がついたら、いつのまにか意識が膨張して自分の外に飛び出したような感じになっていた。リアルな幻覚や幻聴を体験する。意識が肉体から離れて、空を飛んだり宇宙空間まで行ってしまったりする。もうほとんど病気である。それでも正気なので、これはエンドルフィンとかいう脳内麻薬物質が吹き出した結果なのだと冷静に楽しむことができる。強調しておくが、僕はオカルティストではない。こんなことは条件さえ整えば、薬物など使わなくても誰でも体験できることだ。

古い寺などに参拝して、縁起などを読んでみると、「何百年か前に○○上人が、山中の洞窟に籠もり、十年の瞑想を行ったのち、△△観音が目前に現れ云々……」とあったりする。おそらくその坊さんも、同じような体験をしたんだな、でもその幻覚が現実に起こったことと勘違いしてしまったんだなぁ、と思う。宗教は、そういう勘違いから始まるのであって、故に僕の体験は宗教ではない。幻覚、幻聴、幽体離脱は、どちらかというと邪魔になる。意識が膨らんで覚醒したような状態で、正気を保ちつづけることこそが肝心。

もちろん、いまでは三十代のように無謀な仕事の仕方はできなくなった。高揚し、痛快であっても、肉体には激しい苦痛がともなっている。身体には物理的な限界がある。十年の間、何度となく何十時間も同じ姿勢でいたために、腰と背中に激痛を抱え込んでしまった。いまでは、手助けをしてくれる職人さんを増やし、僕が一人でやっていた仕事を五人くらいでこなすようになった。数ものの下塗りは職人さんたちに任せ、僕は仕上げの上塗りに専念するようにした。

いちど上塗りを始めるといまでも一昼夜連続というのはよくある。その際は、導入にちょっとしたコツがいるが、膨らませ、覚醒した状態に意識を持って行くと、気がついたときには塗り終わっている。もちろんいつも上手くその状態に入り込めるわけでなく、悶えながらジタバタすること暫し。上塗りの結果に、自ずとその差が出てくる。僕と長く仕事をしている職人さんには、その違いが見えているので「赤木さん、今日のは神様降りて来ちゃってますねぇ」などと、冗談を言ってくれる。

お茶に話を戻せば、亭主と正客が、ともになにやらそういう心と体の状態になったところで出会うと、スーパーコミュニケーションが実現できるのだと思う。それを茶の世界では直心《じきしん》の交わりと言うらしい。もの作りの場合は、交わる相手は素材となる。漆工と漆は一つになれるし、陶工と土は一つになれるものだったのだろう、本来は。

探求について

僕が器を作るときに、型が大事なのは、その作業においてだけではない。器の姿かたち自体にも型がある。

「写しで器を作っています」と言うと、なんだ、ただのコピーじゃないかと仰有る人が少なからずいる。「写し」とは、一つの形を型として探求することに他ならない。たとえば、オリジナルの寸法をとり、図面にお椀の断面図と平面図を描いて、それを実際に作ってみるとしよう。仕上がった器は、正確に図面どおりの寸法になっている。それで終わってしまえば、単なるコピーと言われても仕方がない。デザイナーさんが注文して作った器はそういう感じのものが多い。

だが、職人の仕事はむしろそこから始まる。もちろん、僕が図面を使って器を作ることはない。図面など必要ないばかりか、あればそれにとらわれてしまって邪魔になるだけ。

器を真横からみると、たった一本の線でできている（それはふだん見ることのない線で、いつもはその線など気にせず、器を全体として見ている）。その線をほんの少し、髪の毛一本分もあるかないかくらい動かしてみる。するとみるみる全体の印象が変わってくる。頭の中の作業ではない。実際に手を、指を使う。自分の身体を器の形に添わせてみる。やがて、同じだと、多くの人が思い込んでいる形の中に、無限の多様性があることを知るようになる。その中から、職人はいつもたった一本の線を選択しなければならない。無限に現れる線の中から、たった一本を選び取る根拠は何処にあるのか。そもそも根拠などあるのかないのか。何もわからない暗闇の中にいつもいる。それでもものを作るためには、選ばなければならない。ある線を選んでしまった自分を見つめなければならない。なぜその線なのか、そこがいちばん難しい。

色についても同じだ。漆には、基本的に赤と黒しかない。それは漆という素材が本来透明ではなく、茶褐色半透明なので強い色調しか発色させることができないからだ。だが、黒という単一の色の中にさえ、宇宙に匹敵するような多様性がある。塗師の言葉で「白艶《しろづや》」というのは白い黒のこと、「紫漆《ししつ》」とは青みがかった黒のこと。それらの中でどの黒を選ぶのか、まさに大海を漂う一本の麦藁を捜し出すようなもの。しかし、ものを作り出すにはその麦藁をこの手でつかみ取らなければならない。なぜ、この黒なのかを問い続けなければならない。

わたしの底にある場所

そのなぜに答える困難もここで乗り越える必要がある。もっとも簡単な解答は普遍を信じることだろう。普遍性に最も近いとされる名物に寄り添い、選択の基準とすることだろう。だが、僕はその方法に違和感を持っている。それでは「○○上人が、幻覚で見た△△観音を衆生が信じてしまっている」のと同じ気がするのだ。順序が逆ではないのか。結果、△△観音に辿り着くとしても、辿り着かないとしても、自分が求めているものはなんなのか、それを自分で探し出す旅に出ることから始めるのだ。その根拠になるのはただ一つ、あまりにも単純な言葉だが「好き」かどうかだと思う。その「好き」を支えるのは、言葉ではない。先ほどの拡張した意識、非言語的な感覚ではないか。この線よりこの線が好き。あの黒よりこっちの黒がぐっとくる。いやいや、黒の艶はこれだな。この線はもうちょっとこうだ。こういう探求を限りなく、果てしなく繰り返していく。自分の感覚的な好みという個別性をどこまでも追求していくのだ。その道に到達点はあるのか、ないのか。実は、あるとも言えるし、ないとも言える。

十八で茶と出会い、二十六で漆と出会い、もうすぐ五十歳になる。まだまだ旅の途上だが、ようやくかすかに見えてきたことがある。茶の点前の中で出会う自分、単調な作業を繰り返しているときに出会う自分、いまたった一本の線を、この色をどうにか選び取った自分、そういう場所で出会う自分とは、決して強い、大きな、明確な何かではなく、弱く、小さく、儚く、移ろいやすく、いい加減で、淡く、心許なく、かすかで、もろい、希薄な、漂うような、空しい、何かなのだ。僕は、最近ようやく、そのようにして出会いつづける自分を大切にしなければならないと思うようになった。「好き」を見つけるには、そんな自分を先ず受け入れなければならない。僕が「好き」だと選び取ってきたものは、すべてそんな無常のわたしに寄り添うような、自分を大切にするために必要な、線であったり、色であったりするのだから。

いつまでもどこまでも、好みを追求し選択はつづいていく。選び取った線と、色の根拠を求めて自分の深いところへと降りていく。まだまだ底は見えないけれど、いつか辿り着く場所には僕の好みと絶対的な何かが出会う、個別と普遍という矛盾するものが睦み合う場所があるのではないだろうか。そんな気がしてならない。

祈るために

実は、子どものころから祭というのが嫌いだった。父親は兵庫県西宮市の生まれで、第二次世界大戦の空襲で焼け出され、岡山の小さな街に家族共々疎開し、そのまま住み着いたらしい。

僕は、生まれたときから余所者で、ものごころついて、自分のまわりの世界に眼には見えない壁があるのを知った。幼いころ、あんなに胸ときめいた祭から遠ざかったのは、大人の間にも子どもの間にも、その役回りや関わり方に暗黙の区別があると気がついたから。祭の日には、屋根の上から賑やかな山車が通り過ぎるのを一人で眺めるのが、いつのころからか習慣になった。山車の上で近隣の子どもたちが競うように叩き合っている太鼓の音は、いまも思い出の中でもの悲しく響きつづけている。

二十六歳で移り住んだ能登の輪島で、誘われてまた祭と交わるようになった。酒を飲んで暴れ回っているうちは楽しかったけれど、やがてまたどうしようもなく寂しくなってしまう。子どもたちがまだ小さかったころ、どんなにせがまれても、祭や花火大会には出かけることがなくなり、僕はひきこもって一人で酒を飲んでいた。

祭は、その土地で生まれ育った人のものだろう。余所からきた人間が、迂闊に迷い込んではいけない、やがて人と人、人と土地との繋がりから取り残された自分の姿が浮かび上がって心が渇くだけ。いや、浮き草の根が乾くのか。だからなのだろうか、一方でことさら祭に惹きつけられる僕がいる。

奈良のおん祭

「奈良にすごい祭がある」という話を最初にしてくれたのは、グラフィックデザイナーの山口信博さんだった。

「おん祭」[11]は、毎年十二月十六日の深夜二十四時、つまり十七日の午前零時に始まる。春日大社本殿の祭神は、武甕槌命《タケミカズチノミコト》、経津主命《フツヌシノミコト》、天児屋根命《アメノコヤネノミコト》、天美津玉照比売命《アメノミツタマテルヒメノミコト》の四柱、いずれも日本書紀に登場する神々。そのうち天児屋根命と比売命の間に生まれた御子神が天押雲根命《アメノオシクモネノミコト》で、平安中期に蛇の姿で出現し、そののち現在の若宮本殿に祭られている。

御蓋《みかさ》山の原生林を背後にして鎮まる若宮は、この森自体が御神体なのだろうか。年に一度、森の中から人の住む世界に降りてこられる。祭の始まる直前に、広大な春日の杜は全ての灯りを滅し、闇に溶ける。参拝者は、参道に沿って整然と並び、御子神の遷幸をじっと待つ。懐中電灯、撮影等は、一切禁止。息が淡く、相当に寒い。目が闇に慣れてくると、参道に敷き詰められた白い砂利が地面から浮かび上がり、我々の往ぬる方と来る方を示してくれているようだ。晴れた夜ならば、やがて星が眩いほどに輝き、月明かりの木漏れ日が足許に揺らめきはじめる。

遠くの鹿が啼き、ムササビが梢を渡る影が見えると、「どぉーん、どぉーん」と、低い太鼓の響きはじめるのは森の奥からだ。樹林の鼓動に重ねて聞こえるのは慶雲楽《きょううんらく》という雅楽。木立の向こうにぼんやりと灯りが見え、参道を抜けて次第に近づいてくる。浄闇のなかに一対の大松明が浮かび上がり、辺りを清めるように目前を過ぎていく。音も無く、ほのかな沈香の香り。

僕は、となりの人の手を握りしめる。さきほどから鳴り止まずにいる古楽の音色にたくさんの人声が重奏している。「チチチチチチチチー」。「オ」ではなく「チ」だ。腹の底から絞り出すような警蹕《けいひつ》という先払いの声は、神のお出ましを告げる。目の先を揺らめくように暗い提灯が一つ過ぎる。警蹕が迫まり、闇を見澄ますと、どうやら人の群れのようだ。白装束の神官たちが榊の枝を手に手に一重二重三重となにか大切なものを囲んでいる。おそらくその中心に若宮はおられるのだ。

「あんなに神の気配を感じたことはないなぁ」とは、山口さんの弁。確かに体験したことのない気配。

なんて閑かなんだろう。だが、ただの静寂ではない。息を潜めているけれど、うねるように荒々しく、野太いような何か。人には、制御しようもない強い力。空気が脹らんだように、圧力を感じる。背筋がゾッとして、身体が凍りついたまま、過ぎるものを見つめる。神官のあとに楽人がつづき、さらに人の列が連なり、参拝者も順次そのあとにつき従い、若宮を追ってともに参道を下っていく。行き着く先は、行宮《あんぐう》と呼ばれる御旅所《おたびしょ》。遷幸はおおよそ一時間で終わる。

午前一時から行宮にて執り行われる暁祭《あかつきさい》では、神霊に朝の御饌《みけ》をお供えし、神楽が奉納される。若宮神が、こちらの世界におられるのはたった一日の限り、翌十八日の午前零時までには、元の宮にお還りになる。それまでつかの間、この世の食事と芸能を楽しまれるのだろう。

僕はこの五年間、十二月十七日を奈良での展覧会の初日と決めて、「おん祭」に通いつづけている。

新宮の御燈祭

もう一つ参加することが恒例となった祭がある。和歌山県新宮市の「御燈祭《おとうまつり》」。俳優の原田芳雄さんのご自宅に招かれて酒をいただいたとき、壁に松明の燃え残りが飾ってあるのを見つけた。話によると、二月六日の夜にこの松明を灯して熊野の山中を駆け回るのだという。「来年はぜひ一緒に」と、誘われてすぐさま頷いた。原田さんは、親しくされていた中上健次さんをかつて新宮に訪ね、友の亡きあとも、その魂を鎮めるため毎年山に登りつづけておられるそうだ。

能登から車で十時間以上かけて約束の場所に辿り着くと、専用の白い衣装がちゃんと用意されていた。祭当日の新宮市街は、気が抜けるほど閑散として、祭らしい賑わいは何処にも無い。禁止されているのだろうか、露店の類も見あたらない。街に着いて立ち寄ったうどん屋で、ビールを頼むと「あんた上るのかい？

なら酒にしときなさい」と言われて、日本酒を振る舞ってくれた。

山に入る祈願者のことを上《あが》り子《こ》と呼ぶ。上り子は祭の当日、白いものしか口にしてはいけない決まりだという。下着も足袋も、身につけるものすべて白でなければならない。上下に分かれた生成綿の衣装を纏い、頭巾と手甲脚絆を装着すると、太い荒縄で胴体をぐるぐる巻きにされ、背中に大きな輪を作って固く結ばれた。

「赤木さん、わかるかな、これ死に装束なんだよ」と、原田さんは静かに笑う。

この日の夜、新宮の男たちはみんな山に上る。

日が暮れ始めると、どこからやって来たのかと思うほどの上り子が現れる。街頭で上り子どうしが出会うと「頼むでぇ！」と声を掛け合い、互いの持つ松明を打ちつける。まずは市内の三社に参拝し、途中途中で振る舞い酒をいただく。めざすは神倉神社だが、その鳥居に辿り着く頃にはすでに酔って前後不覚に陥っている。

神倉の御神体は「ゴトビキ岩」[12]という山上の磐座《いわくら》で、熊野の聖地の一つとなっている。急峻な石段を登り詰めると巨大な岩がむき出しになった傾斜地に出る。まわりは鬱蒼とした森で、眼下に街の灯り、その向こうに太平洋が闇に輝いている。

これから何事が起こるのかと、待つこと暫し。二千人ほどに膨れあがった上り子がさして広くもない岩山に参集すると、下界に通じる道にあった門が閉じられた。木柵の前では興奮した上り子たちが散発的に乱闘を繰り返している。火をつける前の松明で殴り合って、血まみれになった男が群衆の中から引きずり出される。そんな様子を高いところから眺めていると、突然山中の社殿のあたりに火柱が立ち上がった。瞬間に体内の血液が沸き立ち、知らぬ間に咆哮している。火は迎火の大松明に移され、その火を上り子たちが奪い合うように自分の松明に移しはじめた。炎は次第に放射状に広がっていく。過密な境内の中で、呼吸もできず、目も開けていられないほどの炎と煙に包まれ、装束は焦げ、我が身は焼かれ、燃え尽きるかのよう。身動きもとれないまま、火が行き渡り、磐座に気が満ちる瞬間を待つ。

「嗚呼、今この場所に……」と感じたとき、閉じていた門が開かれ、先ほどまで乱闘していた集団が飛び出し、松明を手に走り始めた。五百三十八段の石段を一気に駈け降りるのだ。死に装束を着て山に上り、狭い巌に閉じ込められ、何ともしれぬ力を畏れ、歓声とも呻き声ともしれぬ雄叫びをあげて再び下界へと降りていく。

祭の当日、神倉山は女人禁制となる。かつては街の灯りをすべて滅し、女性は籠もって家を守り、男性の持ち帰る松明を待ち、その火種を新たに灯し、新年を迎えたということだ。いつの頃から始まった祭か知らないが、何か人が生きていくことの根源に触れたような気がしてならない。

翌日、改めて山に上ってみる。暁光の中、ゴトビキ岩は何とも言えぬ清らかさ。

「なにごとのおはしますかはしらねどもかたじけなさになみだこぼるる」と西行が伊勢で詠んだが、ここもまさにそのような場所。「ありがたい」と、僕はただ手を合わせることしかできなかった。四年つづけて通ったが、これからも新宮通いはつづくことだろう。

捧げ持つもの

話は、奈良へと戻る。

暁祭を終えて、夜が明けると午後から御旅所祭が始まる。御旅所の入り口近く参道の脇に「影向《ようごう》の松」というのがある。この松の木、おそらく誰でも一度は目にしたことがあるのではないか。能舞台の鏡板に描かれている松のモデルだそうだ。

おん祭では、若宮神に奉納するため各地より芸能集団が参集する。芸能者は、必ずこの松の木の下で芸の一節を披露してから御旅所へと向かう。御旅所に参入すると行宮の前は、一段高い芝の舞台になっている。ここで次々と奉納される能楽、田楽、猿楽、細男《せいのお》、舞楽などを僕も楽しむ。芝舞台は行宮を正面にして作られ、芸能も当然ながら行宮の神霊に向かって演じられる。したがって参拝者は、舞台の裏や裾から演者の背後をのぞき見る格好となる。神に捧げられるものをのぞき見ること、それがそもそも芸能の始まりだったのだろう。いつの間にか入れ替わってしまったのだ。今は、神の位置に奢った人間たちが観客として座っている。そんな話を演劇関係の人としているとき、かねてから疑問に思っていた問題がふっと解けた。

漆椀の高台はなぜあんな風に高いのか。手に持ちやすいからという、機能からの説明ではどうも腑に落ちない。あたりまえの形だと思われがちだが、作っていても、使っていても、必要以上に高すぎる気がしてならなかった。

漆椀はおそらく、本来は神に御饌を奉るための道具だったのだ。あれは飯を山盛りにして両手で捧げ持つための形に違いない。神に供えた食物をお裾分けしていただく、それこそ人が食事をするということなのではないだろうか。であるならば、僕自身が椀を作ることの意味をもう一度問い直さなければならない。

十二月十七日の深夜まで、奉納はつづく。最後に異国的で荘厳な舞楽が演じられ、午後十一時いっせいに消灯、若宮神の還幸となる。二年前から春日大社に御縁をいただき、特別奉拝を許された。楽人のすぐ後につづいて、警蹕の声を発しながら、若宮本殿まで神霊をお送りする。闇に沈んだ樹林に敷かれた参道は、蛇行する一本の隧道のようで、そこを数え切れない数の人間たちが同じ方向へと進んでいく。

参道に並んで、列を待っているときには気がつかなかったことがある。

この列は、ひょっとすると葬送の行列ではないのか。若宮神は、年に一度降臨し、向こう側の世界よりやってこられる。ほんのひとときこちら側にとどまり、仮屋を建て、食を慈しみ、歌舞音曲を愛で、たまさかの逢瀬を楽しみ、時が来れば再び同じ場所へと還ってゆかれる。その姿は、我々人間の生涯とそのまま重なるではないか。自分はお見送りする側にいると思い込んでいた。にもかかわらず今まさに、野辺に送られようとしているのは、僕自身なのではないかと気がついた。送る者と送られる者が入れ替わり、いままさに主客は逆転した。

僕だけではない、今生を生き抜くすべてのものは、同じ方向を目指してただ一緒に歩いているのだ。まわりを見回すと、隣人の顔も姿も、闇に判別できず黒い影にしか見えない。警蹕の「ヲヲヲー」という声が、嗚咽に変わった。涙がとめどなく溢れてくる。楽人の奏でる音色は、遷幸に比べてどことなく明るい調子でテンポも速い。それがひとしお哀しいが、向こう側にただ戻るだけなのだと思えれば、それも悪くはないな。若宮本殿に辿り着くと、雅楽と太鼓が入り交じるように細くなり、闇に消え、あの気配は森閑に鎮まっていった。

祭嫌いを自称しながら、僕はなぜ祭に通うのだろう。おそらく、奈良と新宮で、僕は神もしくは神のような何かと、一対一で対峙することができるのだ。僕がそれまで遠ざかっていたのは、祭そのものではなく、祭の中に紛れ込んでいる人と人との関係性だったのだろう。

祈るために作る

神が存在するのかどうか、問うことはたいして意味がない。祭には神が降臨していると信じる人もいるだろうが、僕はそれをあえて否定はしない。そう思った方が腑に落ちる人はそれでいいのだ。祭にはおそらく、僕たちの日常で眼には見えなくなっているものを、見えるようにしてしまう仕掛けがある。

春日大社は藤原家の氏神で、祭られているのは藤原家の先祖神とされているが、その根っこにあるのは日本人が古代から抱いてきた素朴な樹木信仰なのだろう。境内の木々は鬱蒼としていても、一切伐ることが禁じられているし、神域の原生林は人が立ち入ることすら許されない。近代的な都市の内部にこのような手付かずの森があること自体素晴らしいではないか。

枯れ落ちた葉は、必ず翌年の春には新芽となって再生する。その力はどこからやってくるのか。どのようにしてこの世界に現れるのか。僕たちは太古より自然から繰り返し学びつづけてきた。それをあえて霊力と呼ぶ必要は僕にはない。

新宮の神倉神社の御神体こそ、神武天皇が東征の際に上った天磐盾《あめのいわたて》であるとも、熊野の神が最初に降臨した場所であるとも伝えられている。おそらくそれらは後付けの物語で、やはり古層には縄文からつづく自然信仰がある。山上の磐座には、確かに何かが降りてくるのだ。山岳信仰ならば、岩上に出現するのは十一面観音だろう。子どものころから山の天辺で野宿するのが趣味だったのでよくわかる。

ハイデッガーは、丘の上にギリシャ神殿が建ち上がった瞬間、世界は天と地に分かたれたのだと、言い放った。山上の巌も世界が始まった場所の象徴なのだ。夜明けは山の天辺から始まるのだから。世界を開いて、動かし始めるのも、西洋人にとっては、神意を借りた人間だが、僕たち日本人にとってはどこまでも、あからさまには見ることのできない自然の力だ。

日本酒を造るある杜氏さんが言った。「大きな災害が起こると、人は自然の力の驚異を、大きさを改めて認識するけれど、同じ力はいまも、いつでもこの世界に充満していて、米を造り出すのも、酒を造り出すのも、実は同じ力なんだ」と。そのことを忘れてはならない。

手でものを作り出す人ですら、大きな考え違いをしてきた。

僕の作り出す器は、僕が作っているのだと勘違いしてしまいがちだけれど、実はそうではない。木も漆も土も金属も、材料はすべて自然が作り出したもの。たくさんの人の手を借りてそれらを手にする。技術ですら、ほぼすべてを伝統の中から継承しただけのもので、自ら誇るようなものは何もない。

以前にも書いたが、自然を対象化して支配し、主体的な自己を作り上げていったのは近代以降のこと。自然を材料として加工する工業と、自己を表現しようとする芸術は、同じ根っこから始まっている。器を作ることを芸術に迎合させて、卓越した技術を駆使することのできる自己を器に表したり、自らのセンスの良さを競い合ったり、オリジナリティと称して作為的な味付けをしたりすることに僕は関心を無くした。そういう器からは、自己愛を感じるだけだ。

僕が、最初から漆芸家を名乗らず、「塗師」という職人の肩書きを使う唯一の理由はそこにある。そのことを、漆芸家の人や陶芸家の人に、いくら説明してもなかなか理解してもらえない。

「人間は自然から遠ざかると、病的になる」と、白洲正子さんが『かくれ里』のどこかに書いておられた。仰有るとおり、自然から離れた人間は、身体も心も病んでいる。病は、『かくれ里』の時代よりさらに進行した。今や芸術は病んだ人間の姿をそのまま顕わにすることを仕事としているかのようだ。

僕は、器に与えられた仕事こそ、「健やかさ」を形にすることだと考えている。民藝の健やかさと似ているが、少し違う。もうステージが違っているのだ。僕も、すでに病んでいるけれど、そんな自分を器に表す必要はない。健やかであるためには、通過儀礼が必要となる。祭に通いつめる理由はそこにある。

なぜ作るのか。答えは明白だ。器は、使うために作る。盛られた食べ物を美味しくいただくために器を使う。いただいたものが旨ければ、自ずと「ありがたい」という言葉が生まれる。「ありがたい」と手を合わせることは「祈る」ことにほかならない。僕は、祈るために作りつづけようと思う。

再会 1

漆をかき回す「櫂《かい》」が、その瞬間、空振りしたかのようにすうーっと軽くなる。漆がクロメ上がったのだ。梅雨が明け、列島が太平洋高気圧に覆われると恒例の「漆クロメ」が始まる。

僕たちは、真夏の炎天下、すでに三時間近く作業を続けていた。気温は既に三十五度を超え、風は無い。遠くで鳴く蟬の声が、陽炎のようにゆらゆらと聞こえてくる。小鳥たちは暑気を遠ざけて木陰で声をひそめている。

漆人

ご存じのとおり漆は、漆の木から採れる天然の樹液。だが、その原液をそのまま塗っても、いわゆる漆らしい透明度と光沢を持った仕上がりになるわけではない。漆の主成分は、ウルシオールと呼ばれる炭素分子とラッカーゼという酵素で、これにかなりの量の水分が含まれている。樹液のままの漆のことを「荒味漆」[13]と言う。[14]クロメとは、荒味漆を加熱して水分を蒸発させて精製する作業だ。

二〇一一年は、梅雨明けがいつもより早く、暫く晴れたと思ってもたもたしているうちに天候不順となった。晴天を待って最初のクロメは八月六日、すぐに立秋である。

僕の工房で、クロメを自分たちの手でするようになったのは、一九九九年からで、今回で十三回目の夏になる。僕が塗師として独立したのは、一九九四年。自分で漆をクロメるようになる前の五年間は、機械で精製した漆を「漆屋」さんから買っていた。

漆屋は、塗師の注文に応じて、荒味漆を仕入れ、精製、販売をする専門の業者で、どういうわけか多くが福井県の越前市あたりを拠点としている。そのうちの一軒、辻田漆店の辻田哲夫さんと知り合ったのは、僕がまだ親方のところで修業をしていた時代で、何人か通ってくる漆屋さんのうちでいちばん若かった人。たいていの漆屋が、塗師とは長い付き合いで、決まりきった漆を、あたりまえのように提供するだけで、豊かな対話を失っているように感じられるなか、ただひとり熱心に漆の特徴を説明し、新たな提案をされていた。何より誠実そうだった。独立するとすぐに僕の工房にも営業にやってこられたのが辻田さんだった。僕は、自分が抱いている漆塗りのイメージを辻田さんに伝える。

「艶が無く、肌理が細かく、静かでしっとりと落ち着いて、汁くって早いのがいいです」

当時から、僕には上塗りの仕上がりに、明確なイメージがあった。輪島塗といえば、ピカピカと光沢のある漆が、厚くしっかりと塗られている姿が思い浮かぶ。確かに、漆の艶の持つ美しさ、厚塗りの確かな感じはあるのだけれど、それもバランスの問題で、閾値をどこかで超えてしまうと、光沢は派手で下品なものになってしまい、厚みはたまりすぎた皮下脂肪を連想させるものになる。その閾値をどのあたりに設定するかは、塗師のセンスとしか言いようがないので難しいけれど、高度成長期以降、輪島塗がある分水嶺を越えてしまっていることに多くの職人さんたちは気が付いていないように思えた。これみよがしに、艶やかに厚く塗られた漆器は、すでに日常の生活空間に相応しいものではなくなっていたのだ。

僕は、自分が作る「ぬりもの」は、それまで自分自身が生活をしてきた都会の集合住宅の白くペイントされた部屋で使われることを想定していた。無機質に明るい、スクエアな、そしておそらくたくさんのものが溢れている空間で、美しさを現すことができるのは、存在感の強い器ではなく、静かでマットで、どちらかというと弱さをたたえたような、軽くて儚い感じのものだと感覚が知っていた。そういうものが僕自身の好みでもあったのだ。僕にとって器は工芸家の作品のように、単独でその存在感を放つようなものではなかった。

辻田さんは、月に一度福井から輪島まで行商にやって来られる。数日間、商人宿に滞在して得意先を回るらしい。輪島だけでなく、南は岡山から北は津軽まで全国の漆器産地を回っておられる。僕の工房を訪ねる人で、いつもネクタイを締め、髪を七三に分け、ピカピカの黒い革靴を履いているのは、この人と銀行の人くらい。

でも、腕や手、爪の間は作業中に付いた漆で、黒く染まったまま。スーツに革靴は、営業用の正装で、おそらく福井の精漆工場に帰ると、この人も職人なのだ。辻田さんが、訪ねてくるたびに、雑談も交えながら漆の話をする。

手グロメへの道

「漆の艶を落とすにはどういうふうにするんですか?」

「まずは、原料やねぇ。漆の産地によって、おおかた特徴が決まってますけど、そん中でも、艶の出るんと落ちるんとがあるんですわ」

「辻田さんが、荒味の漆を見れば、それがどんな漆かわかるわけですか?」

「おおよそ見当は付きますが、うちには、いろんなところから原料が入ってきますんで、一つ一つどんな個性を持っとるか確認してるんですわ。そん中で艶の無さそうなのを赤木さんところへお回しするというわけです」

漆は、天然材料なので、採れた場所、採った人、採った年、時期によって様々な個性を持っている。工業製品の化学塗料のように品質が一定しているわけではない。様々な貌を持った漆があるからこそ、次はどんな漆と出会えるのかと、楽しみにもなる。

「それから、クロメのやり方で艶が変わってくるんですわ。まずクロメの前にするナヤシをしませんで」

「ナヤシ?　ですか」

独立したばかりで、まだ漆のことも何もわかっていない僕に、辻田さんが丁寧に説明してくれた。「ナヤシ」とは、クロメを始める前に原料の荒味漆を大きな桶に入れ、木製の櫂で攪拌する作業。この時、櫂の先端を桶の底に押しつけながら、漆液を摺り合わせるようにする。すると漆の分子同士が摩擦して、艶が生まれる。ナヤシとは、漆の艶を出すために漆液を磨くことなのだ。荒味漆には、漆を採取したときに混入する木屑などがまだそのまま含まれている。ナヤシが、それら固形の異物を残したまま行なわれるのは、その方が、ナヤシの効果が上がるからということだ。ナヤシを省けば、その分艶が落ちるというわけだ。

「じゃあ、それでお願いします」

そうして届いた漆を一年くらい使ってみる。気になることがあれば、辻田さんが訪れるたびに訊ねる。

「この漆、確かに艶がけっこう落ちているんですが、この椀を見てください、もっと艶がないでしょう。これは、どうゆう漆なんですか?」

独立して自分のものを塗るようになってから、他の職人さんが塗った物で気になるものを買っていた。その一つを辻田さんに見せる。

「これは、『本消し』ですわ。輪島では『白造り』いいます」

「はあ」

「自然な漆の艶は、ここまで落とすことができません。本消し漆を作るには、添加物が必要です」

「漆に何か混ぜるんですか?」

「はい、昔っから、艶を落とすのに、うちでは水飴や蜂蜜を少量入れたりしますが、今は化学的な甘味料などを入れるところもあるようです。そのへんは漆屋によって秘密があるようでねぇ……。うちでも、赤木さんが必要ならば、本消しを作りますよ」

「いや、漆に何か混ぜるのは気分的にどうかと……。あと、艶だけでなく表面を見つめると漆の膜の底の方

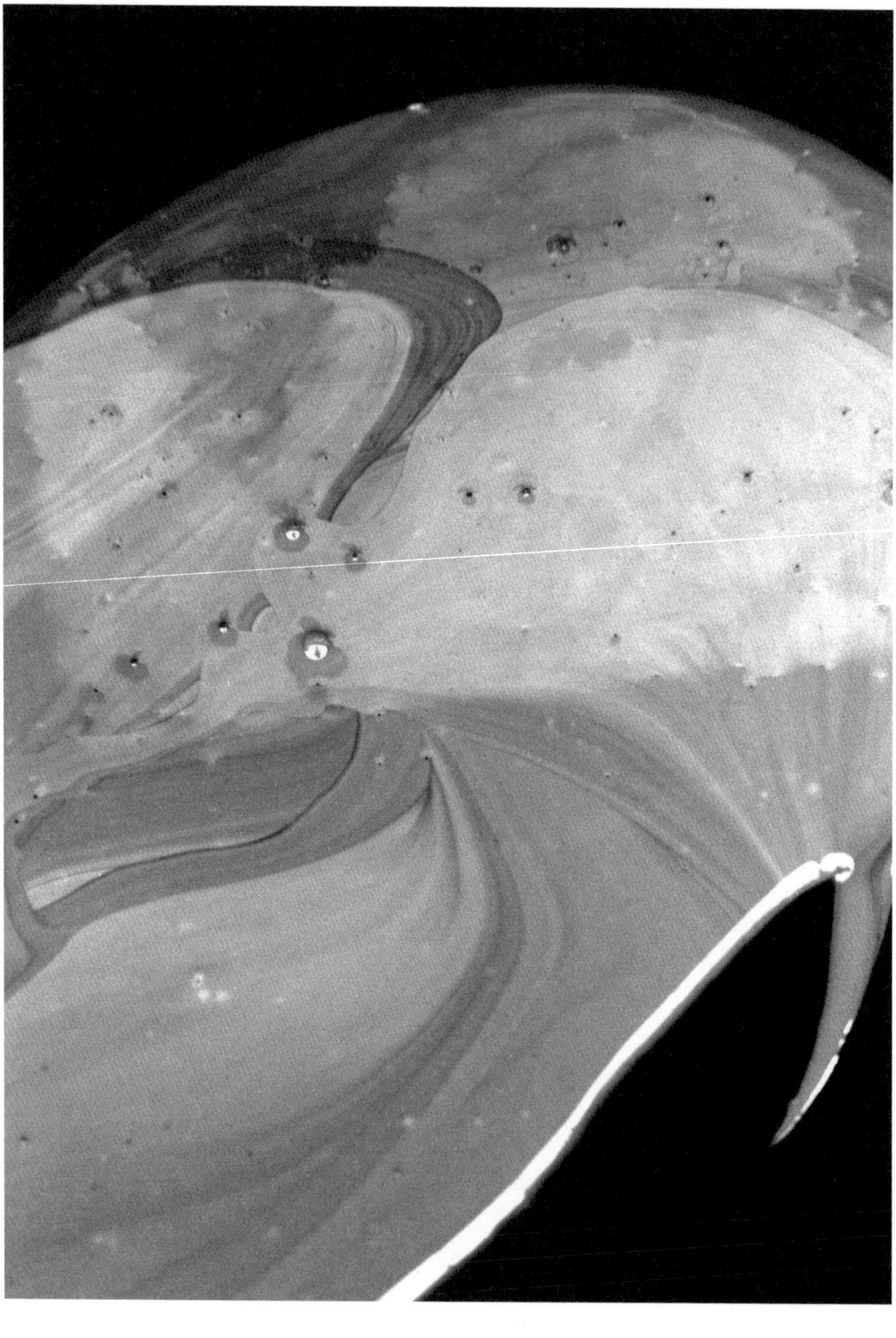

が見えてきますが、その深度というのか、見た目の深さですね、それがもっと欲しい。それから、肌理というか、手で触ったときの心地よさが漆によってぜんぜん違うんです。何かトロッとしたような、柔らかさを感じる漆があるんですが。そういうのを作るには、原料を選ぶ、ナヤシをしない、他に何か要素がありますか」

　そのころ僕は、独立してすぐ、何も知らないままとりあえず仕入れたやや艶のある日本産漆と、辻田さんにお願いして作っていただいた比較的艶のない中国産漆を適度にブレンドして使っていた。

「ほんなら、クロメの方法を変えるしかありませんわ。まずは、熱源ですが、たいてい電熱器の赤外線で、ゆっくり熱を加えて攪拌しながら、水分を蒸発させていくんやけど、その熱源を炭火に変えると、漆の肌理はさらに細かくなって、多少しっとりした感じになるんやけどねぇ」

「じゃあ、それでお願いします」

　再び、新しい漆を一年くらい試してみる。

「どうですか？　赤木さん」

「いやぁ、正直言って、前のとの違いは僕にはよくわかりません。でも、もっと何か方法があるんじゃないですか？」

「うーん、じゃあ手グロメで一回やってみましょうか。私ん所でも、もう何年もやっていませんが、試してみる価値はあります。私がやり方を教えますから、赤木さん自分でやってみてください」

「えっ、僕が自分でクロメるんですか？」

「そうです。昔っからね、上塗りする人が自分で使う漆を自分でクロメるのが本当のやり方だったんですわ」

こんなやりとりに、一九九四年から九九年までの五年間をかけ、僕はようやく「手グロメ」にたどり着いた。漆を機械でクロメる「機械グロメ」ではなく、手作業でクロメるのだ。熱源は、最も自然な太陽の光を使う。つまり「天日グロメ」である。

漆屋は、原料を集めて、塗師に回していくのが本来の仕事。

かつては塗師が材料を仕入れて、自分の使う漆を自らの嗜好に合うように手作業で精製していた。いつの頃からか、ナヤシやクロメが機械化されて、大きな釜の中で金属のプロペラが同じリズムで回転し、安定した電熱による加熱で、品質の一定した上塗り漆を作れるようになると、漆屋が精製も請け負うようになった。

上塗りをする職人にとっては、面倒なクロメの工程が省力化できるだけでなく、漆の品質が安定しているので、便利なことこの上ない。ただ、その分漆が少しだけ工業製品に近づき、自然かつ微妙な表情が漆の貌から消えていった。塗表面の、艶や色などは、本質的には好みに過ぎず、良し悪しの絶対的な基準はない。だが微かな表情のゆらぎと、それに寄り添う塗師という人間の好みの追求にこそ、漆という素材に触れる本質的な悦びがあるのではないかと思うのだ。

貴水

雪の少ない冬、大地を揺るがす天変地異、観測記録を更新する猛暑、二〇一一年は特別な年になってしまった。人間をも含む自然の世界が大きな転換を迎えようとしているのではないか。そんな予感の中、近い将来から振り返ると、この年に特別な目盛が一つ付されるに違いない。この年に、クロメる漆には、そんなことまで記憶されるのではないか、口を切ったばかりの荒味漆を前にして僕は考えこんでいる。

日本産の荒味漆は、五貫（十八・七五キロ）もしくは三貫（十一・二五キロ）ずつ詰められた杉桶の単位で購入する。品質の見極めは、辻田さんの経験に頼るほか無い。

　僕の目の前で、辻田さんが桶に掛けられた藁縄をほどき、蓋を外す。荒味漆の表面に張られた蓋紙を取るとまず、漆の匂いを嗅ぐ。精の強い漆なら、すぐにその匂いが部屋に充満する。ほのかに新鮮な果物のような香りと微かな酸味。これがよい漆と出会うときの最初の感覚だ。つづいて、木の大きな篦で桶の底の方から荒味漆をかき回す。最初の一篦で最深部に溜まった澱を掻き上げる。乳白色に淡い黄味と緑味の入り交じった複雑な色彩が、黄金色に輝いて見える。篦の先端に沈殿していた固形物がすくい取られると同時に、透明と白濁が筋状に入り交じった水がふわりと浮かび上がって、さらさらと流れる。

「赤木さん、これが『貴水《きみず》』です。日本産でもよいものにしか貴水はありませんで、よく見ておいてください」

　聴き馴染みのない貴水という言葉とともに、純水という言葉が頭に浮かぶ。透明な部分は、そのまま光沢のある珠にもなるような輝きがある。こんな不思議な液体は、実際に漆に触れている人しか見ることができないだろう。

「樹液由来の水は、こうして底に沈んでいます。もし誰かが、増量のために荒味に水を加えて混ぜたりしていたら、すぐにわかります。後付の水はどういうわけか上に浮いてくるんですわ」

　辻田さんは、桶の中を充分に攪拌した後、極少量の漆を小さな篦で取り、シャーレに移す。

「まず『焼味《やきみ》』をして、この漆の水分量を量るんです」

　シャーレの荒味漆は、正確に十グラムに計量されている。これを小さな加熱器にのせると、漆はすぐに沸騰を始め泡が立ち始める。泡は、大きなブツブツとしたものから、やがて細かいものに変化していき、漆は乳白色から暗紫色に変化。濁っていた泡の膜が、透明なものに変わると、沸騰が収まり、続いて白い煙が立ち始める。泡は、荒味漆に含まれていた水分が蒸発するために発生するので、泡が収まるときには、含有水分がほぼ無くなっている。シャーレごと、再び計量。焼味漆の重さは、七・九六グラムになっていた。つまり、この漆の水分量は、二・〇四グラム。割合でいうと、主成分のウルシオールなどが七十九・六パーセントで、水分が二十・四パーセントということになる。

焼味では、完全に水分を取り除いたが、クロメで上塗り用の漆を作る場合は、三パーセント程度の水を残しての仕上がりとなる。〇パーセントにしてしまうと、漆は乾かなくなってしまうのだ。

「この漆の正味は、七十九・六パーセントなんで、これに三パーセントの水を残すと、八十二・六パーセントくらいが仕上がりの目標になります」

今回、一度にクロメる量は、荒味漆八キロ分なので、水を取り除いた仕上がりの目標は八十二・六パーセント、つまり六・六〇八キロということだ。「漆の正味」つまり、主成分の割合は、それぞれの漆によって違う。一般的には味《み》が濃いほうが上質とされている。ちなみに、中国産漆の場合、味は六十五パーセントから七十五パーセント、日本産漆は七十八パーセントから八十二パーセントという数字が通常だ。

よく、中国産漆と日本産漆はどこが違うのかといった質問を受けることがあるけれど、その答えはここにある。ただし、この数字のみで本当の漆の良し悪しを決めることはできない。漆は、天然のものなので、その漆が採れた場所で最も効率よく丈夫にさらにある意味美しく乾くようになっている。日本で採れた漆は日本の風土に最も適したものだし、中国産の漆は、現地ではおそらく最適のもののはずだ。身土《しんど》不二《ふに》ならぬ漆土不二である。

また、中国産漆は、日本へ輸出される前に産地ごとに一箇所に集積され、ブレンドされる。城口、毛壩《もうぼ》、畢節《ひっせつ》、安康といった主要産地の漆は、ブレンドされることによって、産地ごとの持ち味が明確になり、かつ品質が一定している。安定しているということは、劣悪なものがない代わりに、飛び抜けたものもない。使う側からすれば、その方が扱いやすいということだろう。

近年、産地でブレンドされる以前の、高品質の漆を「特級漆（味がおおむね七十五パーセント以上のもの）」として一本釣りするように買うことができるようになった。その中には、味が八割を超えるような素晴らしいものも時にはある。そんな漆と出会うのは、素晴らしい恋人と出会うようなもの。漆に限っては、伴侶でも、恋人でも多いほうがよい。

午前九時に、最初のクロメが始まる。漆桶の中に沈殿、分離していた成分が均等になるまで充分に攪拌した荒味漆を八キロ分計量し、巨大な「クロメ鉢」に移す。その量は、大きなバケツ一杯分ぐらいだろうか。クロメ鉢とは、クロメ作業専用の巨大な円形の鉢で、深さはたいして無く、直径は両手を広げたくらいある。材料は栃の一木作りで、辻田漆店で先祖代々使われてきたものだとか。それにしても、こんな大きさの材料を採ることができる栃、森に立つ姿はどんな巨木だったのだろうか。

再会 2

クロメ鉢を斜めに立てかける。

広大な丸い平らな底が向いている方向は、照り始めたばかりの真夏の太陽の真正面。鉢の下の方に投入された荒味漆が溜まっている。まだ、乳白色のままだ。柄の長い柄杓は「櫂」と呼ばれている。杓には窪みなどが無く、平らな半月形の板状だが、先端部がクロメ鉢の立ち上がり部分のカーブに合わせて削られている。

僕は、クロメ鉢の脇に立ち、この櫂を両手に握って、杓の先端を鉢のカーブに沿わせるように持ちあげて、下の方に溜まった漆をすくい上げる。漆は立てかけられた鉢の最上部まで運ばれて、太陽に向かっている底部をゆっくりと流れ落ちていく。漆はその間に、光の熱に炙られ、じりじりと温度を上げる。作業は、きわめて単純なものだ。時々、太陽の運行に合わせ、太陽光が最も効率よく九十度の角度で当たるように、クロメ鉢の向きと角度を変えていく。ひまわりと同じだ。あとは、延々と同じ動き。漆を櫂ですくい上げる。流れ落ちるのをしばし待つ。再びすくい上げる。時々、櫂を持つ手の左右を入れ替える。その繰り返し。

自らも全身に太陽の光を受け、漆とともに干上がっていく。気が遠くなるような感覚。やがて身体の中に静かなリズムが生まれ、漆との対話が始まる。

素材の声を聞き取るには、できるだけ、そっと、静かに、佇むように、そのそばに寄り添うしかない。心を和らげて、全身を開いて、一切何もしないように、接する。

最初に聞こえてくるのは、痛めつけられた生命の悲しみだろうか。人間の都合で、樹皮を傷つけられ、血を流すように樹液を滲み出さざるを得なかった漆の木の無言の声に、心を捧げなければならない。漆の木は、ひと夏をかけて、全身から樹液を搾り取られ、ゆっくりと殺されていく。生き物を殺戮して食べることと同じように、自然の素材に向かい合う工人が、必ず最初に留め置いておかなければならないこの感情を、僕を含めた多くの人間がいつも忘れ去ってしまうのは、なぜだろう。

脳天気なもの作りをただ繰り返していた僕に、かつて、たった一つの大切なことを教えてくれた人がいる。

その木地師は、奪われた樹の命の声を聞き、それを思い計ることだけが、ものを作ることの唯一の根拠だと語った。そうでなければ、残るのは人間の都合と、人間の欲望だけではないかと。そんなことにも気づかずに、ものを作りつづけていた僕は、なんて愚かだったのだろう。だからこそ、この夏も初めて出会ったばかりの漆には、先ず心の中で手を合わさなければならなかった。クロメ鉢の底に、血液のようにどろりと溜まった荒味漆は、おそらくクロメによって向こう側の世界へもう一度送り返されなければならないのだ。じりじりと身を焦がしながら、ただ漆液を攪拌するだけの単純な作業は、祈りにも、瞑想にも似ている。でも本当は、漆は何も語ってくれはしない。じっと黙って、ただこちらを見つめているだけである。とてつもない、巨大な眼で、小さな僕を見つめてくれるのである。

東から西へ

「のーんびり、ゆーったりとやると、そうゆう漆になるんですわ。せっかちな人が、ガッチャガチャしてクロメると、そういう漆になるし、それが手グロメの醍醐味ちゅうわけですねぇ」

隣で辻田さんがニコニコしている。一つ一つ揺らぎを持った材料、刻々と移ろう自然条件、手を加える人の性格、その中で生まれてきた漆は、この世にたった一つしかない表情を持つにちがいない。

この天日クロメの方法も、やり方が地方によって違う。

大きくは、東と西に分かれる。ちょうど関ヶ原あたりを境に、正月の餅が角と丸に分かれるのとほぼ重なるのが不思議だ。東日本では、クロメ鉢が、四角い箱だったり、楕円の桶だったりする。特徴的なのは、底が真っ平らになっていること。ここ福井で使われている円形の鉢は西日本式。櫂の形状も違う。東日本の櫂は、トンボ型をしている。クロメる人は、斜めに立てかけられている桶の手前正面に座り込んで、櫂の柄を握り、T字状の先端部で桶の平らな底を擦りつけるようにしながら、漆を押し上げる。押し上げられた漆は、桶の底をゆっくりと流れ落ちていく。今でも、輪島市内で行われているクロメ風景は、東日本式のものだ。クロメの方法を西と東に分ける境界は、どうやら能登と越前の間にあるらしい。

僕は二通りの道具を用意し、同じ条件でクロメをして何度か試してみた。僕に相応しいのは、やはり西日本式のやり方だった。以来、この季節になると東から西へ少しだけ移動することになった。

「東日本式の押し上げるやり方と、西日本式のすくい上げるやり方を比べると、西の方が艶を落とすのには有利なんですわ。櫂と鉢との接点が少ないもんで、その分摩擦も少ないゆうことです。そやから、赤木さん、艶を少しでも落としたいと思ったら、櫂を擦りつけんように、ゆったりした気持でやってくださいね」

クロメはスタートから一時間ほどが経ち、午前十時を回ると、乳白色の漆が、こげ茶色に変化してくる。漆はかき回されて、ブツブツと泡を立てている。泡の膜をよく観察すると、磨りガラスのように白濁しているのがわかる。

「赤木さん、漆全体の色と、泡の透明度をよく見とってくださいね。まあ、こんで十年目？　いやもっとですからもう大丈夫とは思いますが……」

それでも、辻田さんは僕のクロメの横にずっと付いていてくれて、時々交代しては、休憩をさせてくれる。クロメをしているのは、辻田さんの精漆工場の庭先で、ちょっと雰囲気の違うビーチパラソルで日陰をつくり、クーラーボックスの中には、冷えた飲み物をたくさん用意してくれているのだ。

一九九九年に手グロメを始めた最初は、炭火を熱源にした輪島式のやり方だった。一度にクロメる量も二キロくらい。翌二〇〇〇年から、現在の天日クロメに変えた。〇〇年から〇五年までの五年間は、中国産の特級漆をクロメての練習。クロメには、失敗もあり得る。まれに水分を取りすぎてしまうと、乾かない漆になり、使い物にならない。仕上がっても、艶や粘度が思い通りになっていないこともある。そういう失敗を経験して、学ぶこともあるのだけれど、勉強代としては、日本産の漆はあまりに高くつきすぎる。日本産のクロメは、とりあえずプロの辻田さんにお任せしておいて、僕はとりあえず中国産漆で五年経験を積んだ。そして、二〇〇六年から、自分で日本産をクロメるようになった。

どこで止めるのか

「もうそろそろ、艶は定まっているので、櫂を回すピッチを早めてもいいですよ」

午前十一時を回ると、漆は、こげ茶から濃い紫を帯びたような色に変化してくる。液体全体が何となく透けてきているようだ。泡はまだ白濁している。

「ここらあたりからが肝心ですよ」

「そろそろ中塗りくらいは来ていますか?」

「いや、まだちょっと手前やねぇ」

辻田さんには、僕にはわからないセンサーがあって、漆の水分量がほぼ正確にわかっている。漆は、灼熱の下でじわじわと温度を上げていき、水分は蒸発を続けているはずだ。二割近くあった水分が、現在、六から七パーセントというところだろうか。五パーセントで「中塗漆」になる。中塗りは、上塗り直前の下塗りとしてつかう漆で、水分量が多い分、早く乾く。

辻田さんが、デジタル式温度計のセンサーを漆の中に差し込んだ。品温、三十八度。人間の体温より少し高いくらいの数字を表示している。しばらくすると、三十九度に上がる。

「そろそろ中塗りにきてるんで、温度が一度ずつ上がるのに何分かかったか記録してください」

「三十八度から三十九度に上がるのに七分ほどでした」

五分後に四十度に上昇。

「水が取れてくると、温度が上がる間隔が、急に短くなってくるでね」

辻田さんの顔も緊張してくる。ここから、クロメ上がりの水分量三パーセントになったタイミングを見極めること、それがいちばんの難関だ。三パーセントを通り越しても、手前でもいけない。ピッタリその一点に狙いを定める。見極めの要素はたくさんある。漆液全体の色。泡の透明度。温度上昇のピッチなど。

三分して、四十一度に上昇。

「もうそろそろやで。四十二度になるか、その手前くらいが勝負やねぇ」

辻田さんは、素早い動きで、小さな篦に漆を取りガラス板に付ける。付けた瞬間、まだ漆は若干白く濁っているが、すぐに透明に透けてくる。

「もうちょい、待ってや」

呟くように言ってから、再び小篦に漆を取って、今度は大きめの篦に漆の付いた小篦を引っかけて、漆液を移す。斜めに持ったままの大篦の上を漆がゆっくりと流れ始める。流れる漆の表面に辻田さんの真剣な眼差しが注がれる。漆が大篦の上を流れ始めた瞬間に見せてくれる、ちょっとした表情の変化が、クロメ上がりを見極める要諦となる。辻田さんは、何度か同じ姿勢で、流れる漆を見つめている。

ほんの数センチ流れる漆の表面で、透明な部分と白濁した部分とが分離する、その狭間に一瞬垣間見ることのできる移ろい。茶褐色半透明の液体の上に浮いている微細な泡が流れ落ちる瞬間に現れる極小の白い泡の筋が作り出す縞模様の波瀾。辻田さんは、その縞と縞の間隔が、水分量とどのような相関関係を結んでいるかを経験的に知っていて、そのニュアンスを可能な限り伝えようとしてくれる。だが僕には、そこに見いだされる仕上がりの決定的な証を、どのようにしてもここに明確に記述することができない。ただ、言えるのは、その瞬間に立ち会うためには、心を透明にして漆と向かい合い、音を聴き、色を見つめ、手に伝わる感覚を鋭敏にし、すべての五感を研ぎ澄まして、ただ感じればよい、ただそれだけなのだ。

「よっしゃ」

そう声がかかったと同時に、漆液をくぐり抜ける櫂が抵抗を失い、フッと軽く感じられる。漆をかき混ぜるたびに「タップン、タップン」と聞こえていた音が、「チャップ、チャップ」とデリケートに変奏する。音がまた教えてくれる。

いままさに漆がクロメ上がったのだ。荒々しくむき出しになっていた一つの生命が浄化され、新たな生命が誕生する。荒味漆とクロメ上がった漆では全くといっていいほど別のものだ。

太陽と漆と

午後零時十分。一回目のクロメは、三時間と十分で終了した。すぐにクロメ鉢の漆を桶に移し替えて、計量。六・五九二キロ。目標の六・六〇八キロよりも十六グラム少ない。したがって水分残量は二・八パーセント。

「ほんの気持だけ、止めるのが遅かったんですわ。次の回は、もう少し早く上げて混ぜ合わせればちょうどになりますよ」

辻田さんも、僕も安堵の笑顔である。昼飯もそこそこに、二度目のクロメが始まる。午前中と同じ漆をまた八キロ、クロメ鉢に取り出す。

「二回目は、クロメ鉢が暖まっているんで、一回目より早く仕上がるはずですわ」

「いゃぁ、終わったら早いとこビールを一杯飲みたいですねぇ」

ところがそううまくはいかない。午後になって少し雲が出てきた。雲に太陽光が遮られること暫し。当然の如く、クロメの進行は遅くなる。やがて、太陽は、しだいに西に傾き始める。

「このまんま、終わらないうちに日が沈んだらどうなりますか?」

「そしたら電熱器をあてて、仕上がるまでクロメを続ければいいんですよ」

辻田さんは、コードを延ばして赤外線装置を準備し始める。クロメ鉢は、朝のクロメ始めの時とほぼ反対方向を向いて、可能な限り光を受けとめようと背伸びしている。やがて太陽が傾き始めたころ、ようやく雲が途切れる。

「この分なら、ギリギリ日没までに仕上がるかもしれませんねぇ、赤木さん」

「もう四時間以上かかっていますが、クロメの時間が長くなると、仕上がりにどんな影響が出ますか?」

「漆が多少粘くはなるねぇ」

「そうですか、でもこの漆、もともとそうとう汁っぽいからそう影響はないですよね」

二つの人影が長くどこまでも伸びている。太陽光の熱量は、徐々に落ちてきている。漆の温度も人の体温ぐらいのところを上げたり下げたりしながら変化を無くしていった。それでも水分の蒸発はゆっくりと続いているはずだ。このまま腰をすえていれば、少々時間がかかっても何とかなる。僕は不思議とそう確信している。

「ねえ、辻田さん、どうしてこのあたりに漆屋さんが何軒も残っているんでしょうか?」

「ここの地名は、越前市朽飯《くだし》といいます。『くだし』というのはおそらく朝鮮の百済のことでしょう。この辺りには、昔は機織りを生業にする家がたくさんありました。渡来人が、技術を伝えたんでしょうね」

「福井は、朝鮮半島から近いですもんね」

「ええ、同じように越前には打ち刃物の伝統もあって、漆掻きに使われる刃物は、越前のものが一番良いといわれてきたんですわ」

「金属加工の技術も機といっしょに渡来してきたんですね」

「昔、越前から漆の採れる東北へ刃物が運ばれて行って、かわりに漆を持って帰って来るというルートが確立していたみたいなんですわ。この辺りには、河和田、山中、加賀、輪島、高岡と漆器の産地が集中していますからねぇ」

「まさに漆の道ですね」

　今、僕がこの「くだし」という場所で、漆クロメをやっているのも、長い人々の営みに繋がる因果がちゃんとあるわけだ。

　クロメの歴史自体はさらに深い。遺物から縄文時代にはすでにクロメが行われていたことが確認されている。その時代の熱源は、もちろん現在と同じこの太陽だろう。縄文人は、漆の木の樹液を太陽の光に晒して、精製すると、透明な塗料に変化することを、いったいどのようにして知ったのだろうか。僕は太古とおそらく変わらない太陽を見つめ、瞑想するように数千年の時を遡っている。この技術は、遥か旧石器の時代から確かに伝承しているのだ。

「そろそろいいかもしれんなぁ」

　見事な縄文の残照が空にまだ輝いている。静まりかえっていた森に、蜩の声が響き始め、今まさにお日様が山の端に触れようとするとき、「よっしゃ、いいでしょう」と、後から辻田さんの声がかかった。櫂の動きを止めると、静かに流れ落ちて、仕上がったばかりの漆がクロメ鉢の底に溜まっていく。泡だった透明の液体は大気に満ちた光を含んで鎮まり始めた。

　この漆は、おそらく今日のこの日の見事な夕日を、この静かな蜩の声を、ようやく吹き始めた夕辺の風を記憶にとどめているに違いない。いや、それだけではない。数千回の夏とともに、この列島のどこかで繰り返し繰り返し営まれてきた漆と人との交わる姿が、僕の前にずらりと列を成して連なっているのがわかるのだ。この漆は、祈りを忘れ、おごり高ぶった僕たちがひきおこしてしまった、恐ろしい原子力発電所の事故の年、二〇一一年の漆でありながら、同時に縄文の漆でもあるのだ。

「また出会えましたね、あなたに。ありがとうございます」

僕は、あなたにふたたび出会った。同時に世界と出会った。この漆は、過去も現在も、おそらく未来も飛び越えて、すべてと繋がっている。五千年前の森に住んでいた人と、僕は同じ人にもなれる。

この日二度目のクロメは、午後零時三十分開始、五時四十分終了。五時間十分の時間を要した。漆は、木屑などの不純物を取り除いたあと、桶に封印されて輪島の工房にある漆専用の倉庫で三年から五年寝させることになる。その間に、漆はゆっくりと呼吸をしながらこの場所の環境に馴染んでいく。次にこの漆の貌を見るのは、何年の後になるだろう。

そのとき、縄文からつづくこの国はどうなっているのだろう。

1／松田正平《四国犬（ハチ）》／1979年／油彩、カンヴァス／41.3×53.5cm

2／松田正平《周防灘》／1982年／油彩、カンヴァス／33.1×45.8cm

3／ハンス・メムリンク《聖ヤコブと聖ドミニクスの間の聖母子》
1488-90年／油彩、板／130×160cm ／ルーブル美術館蔵

4／ハンス・メムリンク《年老いた女》
1484-85年／油彩、板／35×29cm／ルーブル美術館蔵

5／アルフレッド・ウォリス《帆船と2隻の汽船　ニューリン港》
制作年不詳／油彩、ボード／25.5×48.9cm／ケンブリッジ大学ケトルズ・ヤード蔵

6／マーク・ロスコ／無題（シーグラム壁画）
1958年／ミクストメディア、カンヴァス／264.8×252.1cm ／DIC川村記念美術館蔵

7／石元泰博／『桂』／1971年／中央公論社

8／五十鈴川／三重県伊勢市

9／角偉三郎／合鹿椀／1986年／高11cm

10／根来瓶子／室町時代初期／高32.5cm

11／春日大社おん祭／奈良県奈良市

12／神倉神社ゴトビキ岩／和歌山県新宮市

13／精製前の荒味漆

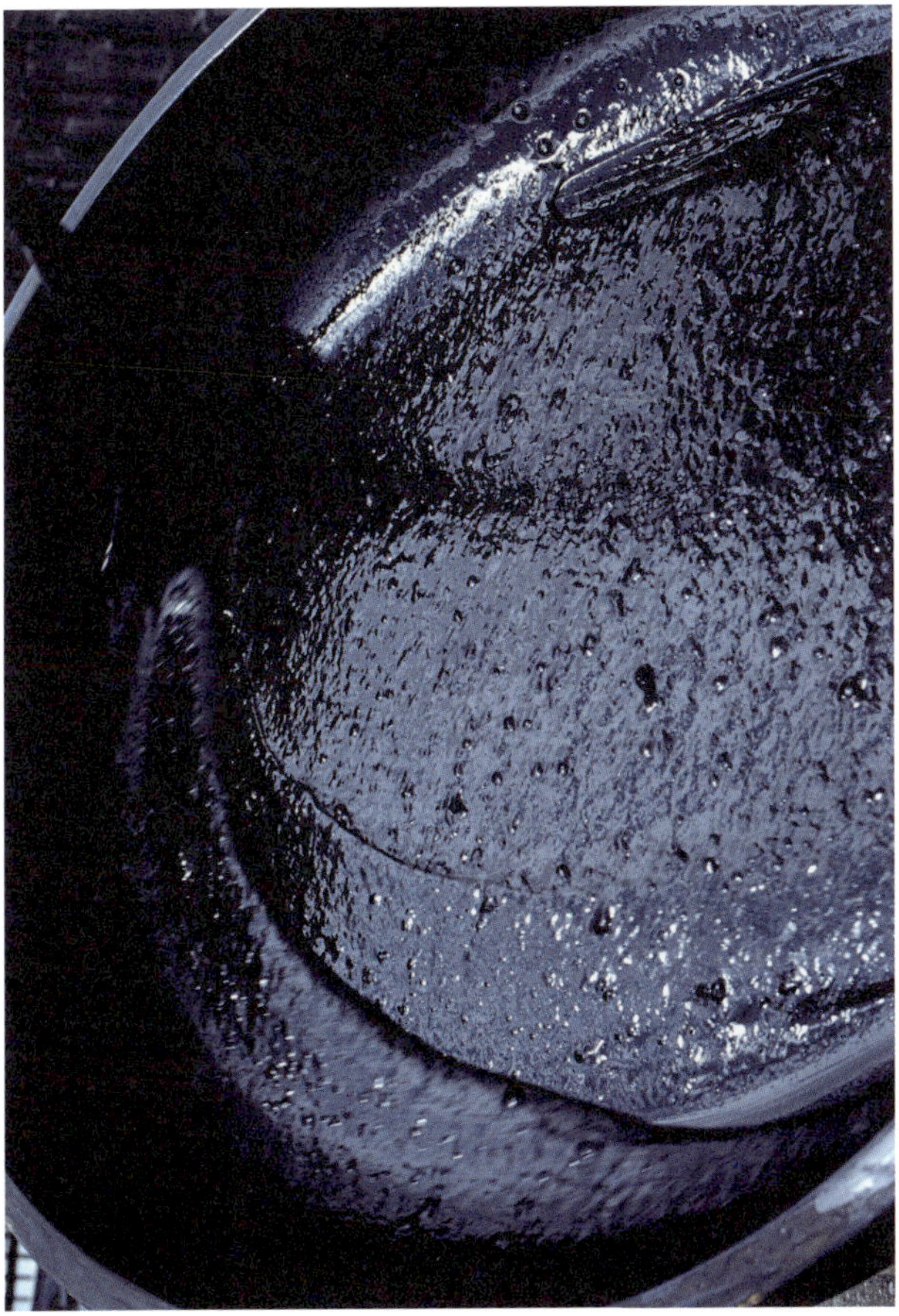

14／精製中の荒味漆

赤木明登　あかぎ・あきと

塗師《ぬし》。一九六二年岡山県生まれ。
中央大学文学部哲学科卒業後、編集者を経て、一九八八年に輪島へ。
輪島塗の下地職人・岡本進のもとで修行、一九九四年に独立。
現代の暮らしに息づく生活漆器＝「ぬりもの」の世界を切り開く。
一九九七年にドイツ国立美術館「日本の現代塗り物十二人」展、
二〇〇〇年に東京国立近代美術館「うつわをみる 暮らしに息づく工芸」展、
二〇一〇年に岡山県立美術館「岡山　美の回廊」展、
二〇一二年にオーストリア国立応用美術博物館「もの―質実と簡素」展に出品。
著書に『美しいもの』『美しいこと』（ともに新潮社）、『漆 塗師物語』（文藝春秋）、
共著に『毎日つかう漆のうつわ』（新潮社）、『茶の箱』（ラトルズ）など。
各地で個展を開くほか、著者のぬりものを常設しているお店が全国にあります。
詳細はホームページでご確認ください。www.nurimono.net

本書は季刊誌『住む。』（泰文館）
二〇〇九年春号（二九号）～一二年冬号（四〇号）に
連載された「名前のない道」に加筆修正したものです。

ブックデザイン
山口デザイン事務所　山口信博＋大野あかり

写真
雨宮秀也／左記以外
松藤庄平／一四二、一四三、一五二頁
ＰＰＳ通信社／一四四、一四五頁
Kettle's Yard, University of Cambridge／一四六頁
ＤＩＣ川村記念美術館／一四七頁
筒口直弘／一四八、一五三頁
野中昭夫／一四九頁
広瀬達郎／一五一頁

名前《なまえ》のない道《みち》

著者／赤《あか》木《ぎ》明《あき》登《と》
発行／二〇一二年六月二〇日

発行者／佐藤隆信
発行所／株式会社　新潮社
住所／一六二－八七一一　東京都新宿区矢来町七一番地
電話／編集部　〇三－三二六六－五六一一
　読者係　〇三－三二六六－五一一一
http://www.shinchosha.co.jp
印刷所／凸版印刷株式会社
製本所／大口製本印刷株式会社

ISBN978-4-10-302573-3 C0070